FAZER O QUE SE AMA
===
AMAR O QUE SE FAZ

FAZER O QUE SE AMA AMAR O QUE SE FAZ

REFLEXÕES E EXPERIÊNCIAS ACUMULADAS COMO BIÓGRAFO DOS PRINCIPAIS EMPREENDEDORES BRASILEIROS

ELIAS AWAD

SÃO PAULO, 2017

Fazer o que se ama, amar o que se faz: reflexões e experiências acumuladas como biógrafo dos principais empreendedores brasileiros

Copyright © 2017 by Elias Awad

Copyright © 2017 by Novo Século Editora Ltda.

COORDENAÇÃO EDITORIAL
Vitor Donofrio

GERENTE DE AQUISIÇÕES
Renata de Mello do Vale

EDITORIAL
João Paulo Putini
Nair Ferraz
Rebeca Lacerda

ASSISTENTE DE AQUISIÇÕES
Talita Wakasugui

PREPARAÇÃO
Equipe Novo Século

REVISÃO
Daniela Georgeto

DIAGRAMAÇÃO E CAPA
João Paulo Putini

Texto de acordo com as normas do Novo Acordo Ortográfico da Língua Portuguesa (1990), em vigor desde 1º de janeiro de 2009.

Dados Internacionais de Catalogação na Publicação (CIP)

Awad, Elias
Fazer o que se ama, amar o que se faz : reflexões e experiências acumuladas como biógrafo dos principais empreendedores brasileiros
Elias Awad.
Barueri, SP: Novo Século Editora, 2017.

1. Empreendedorismo – Ensaios 2. Autorrealização I. Título

17-1632   CDD 658.421

Índice para catálogo sistemático:
1. Empreendedorismo – Ensaios 658.421

NOVO SÉCULO EDITORA LTDA.
Alameda Araguaia, 2190 – Bloco A – 11º andar – Conjunto 1111
CEP 06455-000 – Alphaville Industrial, Barueri – SP – Brasil
Tel.: (11) 3699-7107 | Fax: (11) 3699-7323
www.gruponovoseculo.com.br | atendimento@novoseculo.com.br

novo século®

PREFÁCIO
15 anos eternizando trajetórias de vida

Recebi com muito carinho e satisfação o convite do Elias Awad para fazer este prefácio. Com surpresa também, pois ele certamente tinha opções muito melhores do que eu para essa tarefa. Entre aceitar e recusar, o sentimento da responsabilidade soou mais alto. O desafio me pegou na veia.

Senti-me honrado, por poder falar de um jornalista e biógrafo consagrado, responsável por uma marca diferenciada de escrever histórias de vida de pessoas com a leveza de uma pétala de rosa e firme com o compromisso da verdade.

Essa é a fórmula utilizada por Elias Awad em tantos trabalhos de sucesso biografando os principais empreendedores brasileiros, como Samuel Klein – *Viver e deixar viver*, já na sexta edição; Celso Moraes – *Negócios & Música*; Mário Gazin – *A arte de inspirar pessoas e encantar clientes*; Oscar Schmidt – *14 motivos para viver, vencer e ser feliz*; Vicencio Paludo... Armindo Dias... Affonso Brando Hennel... João Uchoa Cavalcanti Netto... Mr. Fisk... Julio Simões... e muitos mais.

O encantamento dessa arte, a de escrever a vida das pessoas e mostrar suas qualidades, conquistas, erros e acertos, lições de vida, como superam dificuldades, sucessão, crises, sócios, família, relação com o dinheiro etc. está sobretudo na confiança de seu interlocutor e na maneira suave e sincera de quem escreve. E nisso, Elias é um príncipe! Sabe ouvir e escrever como ninguém, ao ponto de, em alguns casos, o próprio biografado desejar falar mais de algum tema que até então lhe parecia complexo, pessoal ou até constrangedor.

Essa marca consiste em ter o leitor consigo. Impressionante como a gente se prende ao texto de seus livros. A sensação, ao ler as biografias de Elias Awad, é a de que estamos fazendo a história com ele, naquele momento. Você vai constatar isso!

Em literatura, o bom elogio é a crítica. Aqui, Elias desafia o mundo literário. Difícil, para não dizer impossível, encontrar onde o seu trabalho desvia do verdadeiro propósito. Talvez por isso sua linguagem tenha se tornado algo diferenciado neste segmento literário, no qual conquistou o reconhecimento do mercado como um dos melhores biógrafos do Brasil e entre os melhores do mundo.

Se você já leu alguns de seus trabalhos, pode perceber e se confundir, assim como eu, pois é como se o Elias tivesse vivido a realidade do seu biografado, tamanho o conhecimento e a intimidade transmitidos pela biografia. Um trabalho que vasculha, emociona, ensina, esclarece e contextualiza, equiparando o tempo da biografia àquele em que tudo aconteceu, deixando o verdadeiro legado que leva os biografados ao sucesso.

Neste trabalho, o 23º de sua carreira, Elias Awad mantém a marca que reina em tudo que ele escreve: a do amor pelo que faz!

Elias abusa com respeito e muita tranquilidade, novamente, de seu extraordinário talento. E como é de seu feitio, registra algo que ele jamais esconde: o sentimento de gratidão ao leitor.

AGOSTINHO TURBIAN
Professor universitário, publisher e presidente das
revistas *América Economia* e *The Winners Prime Leaders Magazine*

PARECE QUE FOI ONTEM...

Nossa... parece que foi ontem que eu "nasci" como escritor e biógrafo... E cá estou eu, debutando, comemorando meus 15 anos de carreira.

Costumo dizer que desde o meu primeiro livro eu deixei de "trabalhar". Claro, naquilo que eu faço há metas, objetivos, prazos, cobranças, contratempos, tristezas e alegrias... Mas quando eu digo que deixei de "trabalhar", refiro-me ao amor que tenho por aquilo que faço.

Como posso chamar simplesmente de trabalho uma atividade que me permite conhecer milhares de pessoas, conversar com elas sobre assuntos sérios e divertidos, conhecer suas essências e histórias de vida?

Como posso chamar simplesmente de trabalho uma atividade que me permite estar a sós com os principais empreendedores brasileiros, me tornar confidente deles, receber deles a oportunidade de "viajar" por caminhos de suas vidas que nem eles mesmos gostam de percorrer? Neste aspecto, refiro-me à emoção, algo com que os empreendedores têm certa dificuldade de lidar.

São empresários humanos, que sabem da responsabilidade social que assumem ao empregar 5 mil, 10 mil, 20 mil, 50 mil... 100 mil funcionários. Mas também homens duros, de decisões racionais e que são tomadas sempre em benefício da máquina que gera empregos e riqueza: as suas empresas.

Tenho alguns livros em produção, mas este é o meu 23º livro. Especializei-me em biografias empresariais.

E por falar um pouco da minha biografia, vou contar a vocês como cheguei até aqui...

Sou descendente de árabes, com pai libanês e mãe brasileira e filha de árabes, com duas avós e um avô libanês e outro sírio; este último aventurou-se no Brasil em busca de oportunidades de uma vida melhor. Meu pai seguiu o mesmo caminho, vindo do Líbano em fins da década de 1950.

Pois bem... essa turma toda só poderia mesmo ir trabalhar no comércio... Nasci dentro dessa escola profissional! Em 1980 entrei na PUC-SP, no curso de Administração de Empresas, e comecei a trabalhar na Votorantim, na Companhia Mineira de Metais, a então maior produtora de zinco do país. Depois de seis anos e seis promoções, já costurando uma carreira executiva no grupo com apenas 24 anos de idade, perguntei a mim mesmo: "Você está feliz? Você se imagina fazendo isso daqui a cinco anos?". As respostas foram negativas!

Era hora de mudar... Eu não hesitei! Pedi as contas e fui realizar o sonho de ser jornalista esportivo! Entrei na faculdade e tudo aconteceu de forma muito rápida na minha vida: criei com um amigo um jornal que virou revista esportiva, iniciei na Rádio Eldorado, depois fui para a Rádio Gazeta e cheguei ao "céu": tornei-me repórter da TV Bandeirantes na equipe do "imortal" Luciano do Valle. Foram anos de muita alegria, de realização pessoal e profissional, cobrindo os maiores eventos nacionais e mundiais... Até que certo dia comecei a me questionar: fazer aquilo que me motivava se tornou um pesado fardo a ser carregado...

Sabe o que aconteceu? Lá vieram as mesmas dúvidas do passado: "Você está feliz? Você se imagina fazendo isso daqui a cinco anos?". As respostas novamente foram negativas!

Foi quando, por um maravilhoso acidente de percurso, me vi frente a frente com o empresário Samuel Klein, para escrever a biografia dele! Ali comecei a encontrar o meu propósito de vida. Entendi por que eu havia percorrido todo aquele trajeto e mudado de direção em certos momentos: conhecia o comércio, entendia das empresas e de suas estruturas, fui ser repórter para aprender a perguntar, a escrever e a ter sensibilidade na relação com as pessoas... Eu estava me preparando a vida inteira para ser um biógrafo!

Uau!!! Eu estava bastante inseguro, era minha primeira biografia... E o empresário Samuel Klein conversava comigo sem demonstrar hesitação ou receio de que eu não conseguiria cumprir a missão de biografá-lo.

Pois foi quando eu pensei: "Se o senhor Samuel Klein, que emprega mais de 60 mil colaboradores e é um especialista em conhecer as pessoas e suas capacitações, escolheu a mim para biografá-lo, quem sou eu para duvidar deste homem? Pois eu vou seguir em frente!".

E realmente segui. Assim, 15 anos depois, comemoro um importante ciclo na minha carreira. A biografia de Samuel Klein está na sexta edição e escrevo agora meu 23º livro.

Por isso decidi lançar este livro comemorativo, com textos, reflexões e artigos que tenho escrito nos últimos anos.

E, para encerrar, eu não poderia me esquecer de falar sobre a gratidão. O tema é tão profundo que prefiro usar as palavras de alguém que se expressa como referência maior da literatura brasileira: "A gratidão de quem recebe um benefício é sempre menor que o prazer daquele de quem o faz" (Machado de Assis).

A gratidão é uma via de duas mãos! Por isso, registro aqui minha enorme gratidão a cada um dos meus biografados, por terem me eleito para herdar o maior patrimônio que eles construíram em suas trajetórias: suas histórias de vida.

Ao meu querido irmão de sangue e fé Luiz Vasconcelos, presidente da Novo Século Editora, com quem aprendi o verdadeiro valor da amizade e que também debutou.

À minha família, Lúcia, Nicole e Camille, e à minha mãe Maria.

A todos os leitores que, com muito carinho, têm lido e compartilhado meus livros e o legado transmitido por meio das histórias de vida que escrevo.

A Deus! A Ele, tudo!

Obrigado de coração!

Elias Awad

QUAL É A VANTAGEM DE SE LEVAR VANTAGEM?

É impressionante como certas palavras perdem e ganham valor com o passar do tempo...
Outro dia, numa roda de amigos, surgiu a seguinte palavra: caridoso.
Eu coloquei para o grupo:
– Um jovem dos dias de hoje não tem intimidade com esta palavra. Caridoso... caridade... eram palavras que tempos atrás determinavam o caráter, a característica das pessoas e da biografia delas.
A definição dos dicionários apresenta caridade como sendo: disposição para ajudar o próximo; tendência natural para auxiliar alguém que está numa situação desfavorável; benevolência, piedade.
Em contrapartida, a palavra vantagem, por exemplo, que sempre determinou algo como uma conquista, nos dias de hoje transparece ser um tipo de trapaça! Os cinquentões como eu vão se lembrar do jogador Gérson, tricampeão mundial na Copa do México, em 1970, conhecido como "Canhotinha de Ouro", em função das "mágicas", gols e lançamentos que fazia com a bola utilizando a perna esquerda.
Gérson era um companheiro de trabalho fantástico, ético e divertido. Trabalhei com ele e cobri vários campeonatos e Copas do Mundo quando era repórter da Band TV.
Mas citei Gérson porque no ano de 1976 ele foi o protagonista de uma propaganda de determinada marca de cigarros, chamada Vila Rica. No comercial, um entrevistador perguntava a ele:
– Por que Vila Rica?

Gérson, oferecendo um cigarro ao homem, responde:

– Por que pagar mais caro se o Vila me dá tudo aquilo que eu quero de um bom cigarro? Gosto de levar vantagem em tudo, certo? Leve vantagem você também, leve Vila Rica!

Desta forma nasceu a "A Lei da Vantagem" ou "Lei de Gérson", assim definida no Wikipédia:

É um princípio em que determinada pessoa ou empresa brasileira deve obter vantagens de forma indiscriminada, sem se importar com questões éticas ou morais. A "Lei de Gérson" acabou sendo usada para exprimir traços bastante característicos e pouco lisonjeiros do caráter nacional, que passa a ser interpretado como caráter da população, associados à disseminação da corrupção e ao desrespeito às regras de convívio para a obtenção de vantagens.

Nossa... uma ação criada "ontem", em 1976, e que cai como uma luva hoje, nos dias atuais!

Já nos dicionários a palavra vantagem tem os seguintes significados: que está na dianteira; em primeiro lugar, à frente; que tem uma vantagem em relação ao adversário difícil de ser superada.

Ora... é claro que era a esta vantagem, definida nos dicionários, que Gérson se referia...

Ora... é claro que é à vantagem da "Lei de Gérson" que, infelizmente, pessoas e empresas que lideravam seus segmentos passaram a se referir e a se utilizar...

Bem... mas então, qual é a vantagem de se levar vantagem?

Se estivermos falando da vantagem definida pelo Wikipédia, estamos nos referindo a algo daninho e de fim trágico e às vezes curto. A mentira não se sustenta por um único motivo: para encobrir uma mentira é preciso criar mais mil mentiras... E numa determinada hora a pessoa cai em contradição! E aí... fim da linha! Curitiba nele ou nela!!!

Mas se você levar a vantagem expressa pelos dicionários, dominando a ponta da competição de forma limpa e ética, o pódio estará à sua espera!

O nosso querido Brasil precisa da nossa caridade para recuperar a vantagem! Caridade e vantagem caminham juntas!

Você estará na liderança e construirá uma história que ajudará a mudar vidas e transformar pessoas!

Você escreverá uma história caridosa, vantajosa e vitoriosa como aquela que buscamos construir em nossas trajetórias e deixar como exemplo de conduta aos nossos descendentes!

Então... obrigado, queridas e queridos leitores! Obrigado pelo carinho e prestígio de vocês, que têm permitido com que eu me posicione de forma positiva na carreira de biógrafo! Afinal, sem o apoio de vocês, seria impossível alcançar tal vantagem!

EMPREENDER, CRESCER E DURAR

Caros leitores, tem sido assustador acompanhar o número de empresas que encerraram suas atividades nos últimos três anos. Entre 2014 e 2015, houve um aumento de 300% no número de empresas que deixaram de operar; só em 2015, 1,8 milhão encerrou as atividades.

Sim... a crise é a grande culpada de tudo! Mas ela não pode ser a única responsabilizada! Há uma parcela de culpa do empreendedor para que o negócio não prospere; muitas vezes, esta parcela no fracasso de um negócio é mais representativa do que a crise.

Será que o empreendedor fez caixa para superar momentos de crise? Ou ele viveu os "anos dourados" entre a década passada e parte da atual sem imaginar que a "maré" poderia "virar"? Será que ele estava realmente fazendo a "lição de casa" do empreendedor, cuidando bem das compras, das vendas, do estoque, das finanças?

Para expressar o que busco dizer, registro aqui uma situação que vivi de perto. Em casa, temos agora dois cachorrinhos, o Arthur, de 13 anos, e o recém-chegado de três meses Lucky, para trazer sorte ao lar! O nome do Arthur foi dado por minhas filhas, quando ainda eram crianças, em homenagem a um personagem da Disney; nem preciso dizer que por várias vezes ouvi nos pet shops "Olá, senhor Arthur", imaginando que este era, na verdade, o meu nome...

Bem, há dois anos abriu uma clínica veterinária bem perto de casa. Passei a levar o Arthur para os banhos semanais. O atendimento era ótimo, e a veterinária, excelente. Pois eles trocaram a moça que fazia o atendimento. A nova "profissional" veio cheia de "regras". Não havia mais possibilidade de marcar banho de última hora... mesmo sendo cliente antigo, eu não podia mais pagar no dia seguinte ao banho ou não seria possível banhar meu cachorro se o pacote já tivesse se encerrado... não... não... não... Ou seja, a nova funcionária, em cumplicidade com a dona, trouxe consigo um monte de "nãos" para os clientes.

Pois bem... há seis meses abriu um novo pet shop perto da clínica veterinária. Num sábado pela manhã, passei na clínica para, mais uma vez, tentar dar banho no meu cachorrinho. Adivinha o que eu ouvi? Um sonoro "não"!

Andei mais meia quadra e fui conhecer o novo pet shop. Quando entramos, fizeram a maior festa para o Arthur: pegaram no colo, brincaram com ele, deram biscoitinho – claro que lá ele era o "astro" principal e eu o coadjuvante, acompanhante ou, como eles me chamam, "pai do Arthur". Quando fui buscá-lo, meu cachorrinho estava lindo, cheiroso.

Na semana seguinte, voltei sem marcar horário. Outra festa, outro banho e lá estava o Arthur mais limpo e feliz do que nunca!

No outro final de semana eu me atrapalhei com o horário e levei o Arthur ao pet às 19h! Estava pronto para ouvir um "não" com "louvor" e razão! Mas sabe o que a proprietária, a Dany, me disse? Foi algo que me deixou a melhor das impressões:

– Claro! Mas, por favor, dá para buscá-lo às 21h?

Depois de olhar a área de banhos com vários tanques e profissionais trabalhando, perguntei:

– Mas até que horas vocês trabalham?

Outra vez, a Dany me surpreendeu:

– "Pai do Arthur", nós sabemos das dificuldades que os nossos clientes têm com horário. E nós estamos aqui para trabalhar, para resolver e não criar problemas. Então, antes das 22h não sairemos daqui.

Era um sábado à noite... A Dany é jovem e tem lá seus 27, 28 anos... Ela estava abrindo mão do sossego, do conforto e de se distrair, passear; ela se dispôs a trabalhar não apenas "para", e sim "pelos" cães e seus donos.

Perguntarão alguns: "Ah... então você gosta de empresa bagunçada? Que trabalha sem agenda? Chegou, pegou?".

Se você imaginou isso, saiba que a pergunta é pertinente!

Mas, na minha forma de avaliar, ali não havia bagunça, e sim conhecimento de causa. Ela estava trabalhando com alta produção e havia mão de obra suficiente para suportar a demanda. Até porque custa caro manter gente trabalhando num sábado até às 22h.

Ali não havia bagunça, e sim uma empresária disposta a encantar os seus clientes em dose dupla: "pai" e "filho"!

E encanta mesmo! Pelo WhatsApp, a Dany manda fotos do Arthur durante e depois do banho, apresenta cães para doação, coloca-se à disposição para ajudar se houver algum problema com a saúde dos bichinhos...

Claro, agora, com a chegada do Lucky, a Dany ganhará mais um cliente! E com todo o mérito possível!

Sei bem que este exemplo não representa a realidade do mundo dos negócios ou do Brasil dos tempos recentes. Mas empresários que pensam como a Dany prosperam, crescem e solidificam suas empresas; empresários que agem como a dona da clínica veterinária certamente padecem e perdem espaço em situações como as dos tempos recentes.

Ah... já ia me esquecendo... Infelizmente, em função da "crise", a clínica veterinária na qual eu levava o Arthur antes de conhecer o pet shop da Dany veio a engrossar o alto percentual das empresas que encerraram as atividades nos últimos anos. Fechou as portas...

Ah... já ia também me esquecendo... A Dany locou a loja do lado para ampliar o espaço e a capacidade do pet shop dela...

CORTE O *NÃO* DA PERGUNTA!

Cara/o leitora/or, você pode dispor de alguns minutos da sua atenção para ler este texto?

Explico agora o motivo de ter iniciado esta nossa conversa com uma pergunta. Dia desses, eu estava sendo atendido numa farmácia e a senhora ao meu lado perguntou ao atendente:

– Bom dia! Você não tem Bi-Profenid, né?

Aquilo me incomodou... Fiquei a pensar:

Esta senhora veio até a farmácia. Então, pelo remédio solicitado, deve estar sofrendo com algum processo de inflamação muscular ou tem alguém da família com o problema. Ora... se ela necessita tanto do remédio, por que não fez a pergunta de forma diferente? Por que não foi positiva no pedido, dizendo: "Por favor, eu preciso de uma caixa de Bi-Profenid", ou "Por favor, eu quero uma caixa de Bi-Profenid"?

Ou seja, ao usar o "não", ela pensou negativamente na hora de buscar a solução para o problema que estava vivendo.

E por que isso me incomodou? Justamente porque somos assim. Eu mesmo já me peguei tantas e tantas vezes criando uma situação negativa na hora em que buscava a solução: "Você não tem pão integral, né?" – e eu queria comprar pão integral... "Você não tem deste sapato no número 41, né?" – e eu queria um sapato daquele modelo de número 41... "Você não tem daquela camisa da vitrine na cor branca, né?" – e eu gostei da camisa e queria levar uma branca... e por aí segue!

Ao perguntar desta forma, parece que preferimos ouvir como resposta da pessoa que nos atende a frase "eu não tenho", ao invés de "sim, eu tenho"!

Imagine eu, como biógrafo e palestrante, numa conversa com algum dos meus possíveis biografados ou profissional de Recursos Humanos ou Marketing da empresa para a qual ofereço uma palestra. Seria correto da minha parte perguntar: "O senhor não pretende escrever a sua biografia, né?"... ou "Você não pretende contratar uma palestra minha, né"?

Claro que não! E, aqui, o *não* cabe muito bem, assim como na hora de tomar certas decisões na sua vida pessoal e profissional que podem ferir os seus conceitos éticos e morais, ou as suas aspirações e sonhos!

Aliás, um dos grandes aprendizados que trago comigo da convivência com os grandes líderes que tive a honra e o privilégio de biografar e de me relacionar é o de aprender a dizer "não" em determinados momentos. Mas digo isso me referindo ao "não" como resposta ao invés de pergunta.

Com eles, aprendi também a necessidade que temos de saber interpretar o sentido do "não" recebido. A palavra "não" pode representar o fim de um ciclo, mas também a necessidade de um redirecionamento de caminhos e ideias para alcançar um "sim"; seria como dizer: "Não desta forma".

Bem, mas voltando ao tema principal do texto, aí vai uma dica: corte o *não* da pergunta! Se fizermos isso, certamente começaremos bem aquilo que buscamos realizar ou solucionar.

Ah... e obrigado por dizer "sim" ao meu pedido para dispor de alguns minutos de sua atenção para a leitura deste texto!

NOSSO MUITO OBRIGADO AO "ACASO"...

Caros leitores, avaliando as trajetórias percorridas pelos meus biografados, eu me dei conta sobre a importância do "acaso" em nossas vidas!

Nos dicionários, as definições de "acaso" são: acontecimento casual, incerto ou imprevisível; eventualidade; sem intenção prévia; inesperado... e por aí vai! Resumidamente, o sentido do "acaso" mostra que o fato ocorrido não estava programado.

Entre os meus livros como biógrafo existem muitas histórias que reforçam a "tese". Uma delas é a do empresário Ueze Elias Zahran, fundador e presidente da Copagaz.

Estávamos em 1954! A família morava em Campo Grande, no hoje Mato Grosso do Sul, e tinha poucas condições financeiras. Na casa alugada viviam Ueze com seus pais e cinco irmãos. A mãe dele, Laila, era dona de casa e tocava com pulso firme o intenso trabalho do lar. Mas a mulher estava cansada de tanto ter que limpar o fundo das panelas, que ficavam manchadas no fogão a lenha; era também necessário carregar as madeiras para acender o fogão.

Assim, Laila pediu ao filho Ueze que lhe desse um fogão a gás! Pois ele se esforçou e, numa das estadas em São Paulo, comprou o fogão para a mãe. Assim que a peça foi entregue, Laila acendeu o fogo e ria sozinha vendo aquela chama azul acesa debaixo da panela, que não ficaria manchada. Ao presenciar a cena, Ueze, um jovem atento e empreendedor, pensou: "Se a minha mãe está nessa alegria toda, imagina como não ficarão outras mães que comprarem ou ganharem um fogão a gás!".

Pois ali nasceu a Copagaz, que, por "culpa e obra do acaso", caminha para ser a quarta principal companhia de gás do Brasil!

Outro dos meus biografados, o Mr. Fisk, das escolas de idiomas Fisk e PBF, depois de voltar da Segunda Guerra Mundial, em que representou o exército dos Estados Unidos, cursou mestrado; ele já era graduado em Relações Internacionais. Mesmo assim, Fisk não conseguia um emprego que lhe realizasse profissionalmente; era um simples funcionário num pequeno escritório de contabilidade.

A mãe e um dos irmãos, que trabalhava no consulado dos Estados Unidos na capital paulista, moravam em São Paulo. Mr. Fisk resolveu viajar e passar as férias com eles. Pois no seu primeiro final de semana em solo brasileiro, Mr. Fisk abriu e leu num jornal da época o anúncio da Texaco:

Procura-se funcionário que fale inglês fluentemente.

Mr. Fisk estava apto a preencher a vaga! Ele se apresentou na empresa e foi contratado. Tempos depois, começou a dar aulas de inglês para reforçar o orçamento, e transformou este "bico" numa carreira empreendedora de enorme sucesso. Assim nasceu a Fisk, por pura "culpa e obra do acaso"...

Vale ainda contar a história de outro dos meus biografados, o empresário João Uchôa Cavalcanti Netto. Na década de 1950, ele havia se casado com uma moça cuja família era amiga do banqueiro Amador Aguiar, do Bradesco. Certo dia, Aguiar pediu a Uchôa que fosse ao encontro dele numa determinada rua do bairro de Santo Amaro, zona sul de São Paulo.

Bastante assustado com o convite, Uchôa se dirigiu ao local. Assim que encontrou Amador Aguiar, o homem levou-o para conhecer duas casas que ele possuía na rua. Ao final, perguntou:

– Qual delas você gostou mais? – Uchôa respondeu que era a primeira, e Aguiar emendou: – Então é um presente meu para você e sua esposa!

Uchôa foi para casa feliz da vida... Contou para a esposa e começaram a fazer planos. Muito feliz, o casal foi se deitar. Mas, incomodado, João Uchôa não conseguiu dormir. Na manhã seguinte, acordou a esposa e explicou a ela que, se aceitassem a casa e por gratidão, jamais Uchôa poderia dizer "não" para Amador Aguiar.

Decidido, ele foi para a casa do patrão e lhe disse:

– Seu Amador Aguiar, eu vim devolver a casa e pedir demissão.

Uchôa voltou para o Rio de Janeiro, sua cidade natal, onde prestou concurso para juiz de Direito e passou. Tempos depois, começou a dar aulas na sala da própria casa...

Assim nasceu a Universidade Estácio de Sá, fundada no início da década de 1970 por João Uchôa Cavalcanti Netto. Mais um exemplo da pura "culpa e obra do acaso"...

Na minha vida, o "acaso" também agiu de forma maravilhosa, fazendo com que de vendedor de zinco no Grupo Votorantim eu me tornasse repórter esportivo das principais emissoras de TV do Brasil e depois me realizasse como biógrafo!

Bem... vou ficando por aqui... mas não sem antes desejar a você muito sucesso, e que o "acaso" provoque o incerto, o inesperado e o casual em sua vida!

FAÇA A SUA PARTE!

Cara/o leitora/or, não há como negar que vivemos tempos de um mix de perplexidade com o que tem acontecido na nossa política, irritação com tanto cinismo e hipocrisia, e muita tristeza por tudo que tem acometido nosso país... Um Brasil que até imaginávamos, mas que não acreditávamos que existisse...

O maior prejuízo, além de todo o dinheiro desviado, está no enfraquecimento da nossa economia e na desmoralização da nossa imagem internacional, algo muito difícil de reconquistar!

Claro... o que nos faz pular da cama pela manhã todos os dias é a nossa inabalável crença e confiança, além da força e do poder de superação! Afinal, somos brasileiros... e um brasileiro jamais esmorece!

Mas confesso que nisso tudo há algo que me traz muita esperança. Acredito até que você também tenha percebido isso, seja nos seus atos, palavras ou nas conversas entre amigos.

O que de mais importante tiramos desse duro aprendizado dos tempos difíceis vem por meio da resiliência! Refiro-me àquilo que aprendemos com toda essa situação complicada e, principalmente, à transformação que tudo isso causa e causará no comportamento de todos nós.

É hora de dar um basta! Chega de atalhos! Chega de privilégios! Chega de tirar proveito de situações com vantagens unilaterais, individuais!

Depois de acompanharmos tanta sujeira, tanto debaixo quanto em cima do tapete, cabe a nós agora dar um basta!

Como faremos isso? Agindo e pensando de forma consciente, com cidadania, com respeito ao próximo, às leis e ao país!

"Ah... mas tal pessoa roubou... levou propina... saiu com dinheiro na malha... na cueca... na meia... tem *offshore* e dinheiro em paraíso fiscal." Mais um motivo para dar um basta nisso tudo!

Tenho conversado com muitos amigos e percebido a grande reflexão que esse "embrolho" todo tem causado. A pergunta que incomoda a eles, e a mim também, é: "E eu... o que tenho feito para mudar toda essa conjuntura?".

E as situações começam realmente a fazer sentido. Como um simples exemplo de mudança de postura, um dos meus amigos contou que se viu discutindo com um guarda porque foi multado por estar estacionado por alguns poucos minutos em local proibido. No meio da argumentação, ele parou... pensou na real situação, a de estar descumprindo a lei, e finalizou: "Seu guarda, pode me multar. O senhor está certo, ao fazer prevalecer a lei, e eu errado, tentando descumpri-la".

Não gosto de coisa errada. Não gosto de fazer algo que me faça sentir mal comigo mesmo. Tenho certeza de que isso também a/o incomoda.

Façamos então a nossa parte!

Paguemos nossos impostos, por mais que tenhamos inúmeros exemplos de que pessoas inescrupulosas desviaram bilhões dos cofres públicos;

Respeitemos as leis, por mais que pessoas inescrupulosas tenham pagado e recebido dinheiro para manipular leis que beneficiam alguns poucos e lesam o patrimônio público;

Tenhamos cidadania e respeito ao próximo, por mais que inescrupulosos tenham agido em benefício próprio e desrespeitado a todos nós com suas manobras e mentiras;

Andemos na linha e nos preceitos divinos, por mais que um grupo de sem-vergonhas tenha levado vida dupla, fingindo-se de anjos quando, na verdade, representam a essência dos demônios.

É possível que, com o nosso orgulho ferido devido a tantas agressões, acabemos nos perguntando em determinado momento: "Mas... será que vale a pena agir tão corretamente assim num país em que malandragem se tornou sinônimo de esperteza, e correção, de idiotice?".

Pois eu afirmo que vale sim! Principalmente porque os "espertos" que quebraram o país estão sendo merecidamente desmascarados e punidos!

E o aspecto decisivo para mantermos o nosso propósito está no fato de que, para se reerguer, o Brasil precisa de pessoas que pensam e agem como nós, e não como eles!

O "COMBUSTÍVEL" DA FELICIDADE

Cara/o leitora/or, você sabe o que sempre pautou a minha vida pessoal ou profissional? A felicidade!
E como se expressa ou define a felicidade?
Claro... felicidade é o resultado de um somatório de fatores, mas posso afirmar que o dinheiro não é o primeiro deles. E aqui não há nada de demagogia!

Dinheiro é reconhecimento, e não estratégia. Dinheiro é resultado, e não meta ou objetivo!

Você deve ter exemplos que podem expressar o que busco transmitir. Eu não conheço ninguém que é feliz simplesmente por ter dinheiro. A felicidade se dá após uma sequência de realizações pessoais e profissionais e que envolvem família, amigos, trabalho e carreira, conquistas, erros e aprendizados, estudos, conhecimento, lazer, cultura... A felicidade se dá quando você encontra o seu melhor propósito de vida e, principalmente, pela intensidade que aquilo que você faz inspira vidas e transforma pessoas.

Isso representa o sucesso! Reitero que o dinheiro vem como reconhecimento!

Escrevi este texto porque um fato me chamou a atenção recentemente. Moro no bairro do Morumbi, em São Paulo. Como todos os outros, há vantagens e desvantagens, qualidades e defeitos.

Mas... entre as qualidades estão as padarias saborosas que se apresentam no bairro...

Pois, em uma delas, há uma profissional que se tornou quase que um "ponto turístico" do Morumbi. Claro, quando entramos numa padaria, buscamos a compra de algum produto específico: pães, frios, queijo, tomar café, doces... mas não há como negar que os nossos olhos estão prontos para cair nas "armadilhas" dos pecados da gula!

Enquanto você vai até o setor de pães, em busca do pão francês quentinho, presencia os desfiles de salgadinhos, tortas, bolos, bebidas, cafés... Pois em uma dessas excelentes padarias do bairro, trabalha uma moça que marca presença pela criatividade. Ela comanda a área das guloseimas, uma mesa recheada de delícias feitas na hora e que dão água na boca.

Se não bastasse isso, a tal moça é uma vendedora de mão cheia! A "estratégia" dela foi criada através do bordão: "BOLO, BOLO, BOLO, BOLO, BOLO" – sempre dito com vida e alegria, em letras garrafais. E com toda a simpatia ela conversa com você, lhe chama de amigo ou amiga, pergunta sobre você e sua família... e dá o xeque-mate ao oferecer a degustação de doces e salgados em porções interessantes. Nada de miséria!

Confesso que é difícil se livrar da tentação após ser abordado pela simpática vendedora "BOLO, BOLO, BOLO, BOLO, BOLO".

Pois... recentemente fui a outra padaria, também de grande qualidade, e qual não foi a minha surpresa ao ouvir: "Boa tarde, amigo... Bolo, bolo, bolo, bolo, bolo... Experimenta essa torta de frango com queijo catupiry!".

Claro, fiquei feliz em vê-la, agora "vestindo outra camisa", mesmo sabendo que cairia na "armadilha" dela e que sairia de lá com mais produtos do que pretendia comprar.

Mas... como biógrafo e naturalmente curioso, comecei a conversar com a moça e quis saber os motivos da mudança de emprego. Sabe qual foi a resposta?

"Uma proposta irrecusável pelo dobro do salário anterior."

Confesso que aquele rosto, sempre sorridente e simpático, estava um pouco mais abatido... Aquele "Bolo, bolo, bolo, bolo, bolo" não se mostrava tão altivo e espontâneo... Não saía em letras garrafais.

Assim, não resisti e perguntei:

– Você está feliz com a troca de empresa?

De forma surpreendente e com toda a sinceridade do mundo, ela disse:

– Infelizmente, não! Ganho o dobro, mas o meu mundo, os meus amigos estão lá na outra padaria! Apesar de ganhar muito bem, não estou feliz!

O que acontece com esta moça pode se replicar em milhões de pessoas, independentemente do cargo, salário ou situação profissional.

Claro, é preciso levar em consideração que a troca de emprego, cargo, amigos, ambiente, clima... tudo assusta! Provavelmente, o tempo se encarregará de ajustar esses pontos. Mas quando a motivação da troca se dá simplesmente pelo dinheiro, e não pelo desafio da proposta profissional, é grande a chance de se perceber que, mesmo com mais dinheiro no bolso e poder aquisitivo, a chama da felicidade não está tão viva quanto antes.

E, certamente, o que irá mantê-la acesa não é o dinheiro, mas a sua felicidade!

"BOLO, BOLO, BOLO, BOLO, BOLO..."

PONTO FORA DA CURVA...

O que é um "ponto fora da curva"? Ou melhor: quem é "ponto fora da curva"?

É aquele que se faz notar; é aquele que se destaca da massa!

São inúmeros os exemplos... Pelé, Silvio Santos, Luiza Helena Trajano, Roberto Carlos, Hortência, Ayrton Senna, Samuel Klein, Fernanda Montenegro, Tony Ramos, Abílio Diniz, Lygia Fagundes Teles, Caetano Veloso, Jorge Paulo Leman, Ivete Sangalo, Romero Britto, Oscar Schmidt, Neymar...

Eu ficaria aqui por horas citando pessoas famosas e também anônimas que fazem a diferença... E você teria ainda centenas de nomes para poder acrescentar a uma vasta lista.

E como são, pensam e agem pessoas que chamamos de "pontos fora da curva"? Certamente, elas são diferentes... pensam e agem de formas diferentes.

Seja no esporte, na música, na arte, no mundo empresarial, entre outros, as "ferramentas" de trabalho são muito parecidas. E então o que diferencia essas pessoas das outras que fazem as mesmas atividades?

Claro, há um somatório de fatores que as leva a assumir certas posições de destaque. Entre eles, estão as predisposições para se dedicarem aos detalhes e para se entregarem de corpo e alma.

A esses determinantes fatores somam-se conhecimento, autoconfiança, estratégia, relacionamento, liderança, capacidade de resolver problemas, saber dizer não, criatividade, espiritualidade, valorização das pessoas e aquilo que chamamos popularmente de "fé no taco"!

"Fé no taco"??? Mas se a pessoa já é autoconfiante, o que representa ter "fé no taco"? Pode ter certeza: a "fé no taco" é um estágio que vai muito além da autoconfiança.

É estar no meio de uma partida importante e pedir a bola de decisão para fechar o jogo! Acredite, isso não é para qualquer um!

É estar envolvido numa reunião decisiva para os rumos da empresa e assumir a responsabilidade de dar a palavra final e que determinará o caminho a seguir! Acredite, isso não é para qualquer um!

É interpretar um papel e transformar o personagem na "estrela que mais brilha no céu"! Acredite, isso não é para qualquer um!

É cantar e encantar pessoas! Acredite, isso não é para qualquer um!

É ser você mesmo e mais ninguém! Acredite, isso decididamente não é para qualquer um!

Claro, essas são as virtudes daqueles que chamamos de "pontos fora da curva"! Mas... e quais são os seus "defeitos"?

Entre suas características, há teimosia e excesso de convicção, muitas vezes até intransigência; são conflituosas e se utilizam dos conflitos para alcançar resultados destacados; são éticos, mas não desperdiçam ou deixam de utilizar todas as suas "armas" para vencer a "guerra".

Isso não é bem um defeito, mas elas sabem conviver com a solidão, momentos em que traçam suas estratégias e fazem suas reflexões.

E você, onde acredita que esteja? Na curva ou fora dela?

Se você pretende se manter na curva, fique tranquilo: não há muito a fazer!

Mas... se você pretende se posicionar fora dela... o caminho é duro e vasto! Potencialize e crie novas virtudes! Passe a acreditar naquilo que você desacredita ou que não dá tanta importância! Valorize os seus "defeitos"!

Sim... porque se as pessoas que se destacam fossem compostas "apenas" de virtudes e não tivessem seus "defeitos", provavelmente não seriam respeitadas e consideradas como "pontos fora da curva"!

AS ESCOLHAS DA VIDA

Cara/o leitora/or, registro uma passagem ocorrida em uma das minhas últimas palestras. O fato envolve a conversa que tive com uma mulher que acompanhou o evento e que deveria ter lá seus 40 anos.

Assim que encerrei a minha participação, algumas pessoas que estavam presentes foram conversar comigo. Entre elas, lá estava a "protagonista" deste texto.

Nas palestras, costumo contar cases e momentos marcantes das trajetórias de alguns dos grandes empreendedores que tive a honra de biografar. Além disso, registro também momentos importantes da minha vida, entre eles, algumas grandes mudanças e transformações que provoquei no meu caminho e que me converteram de executivo de vendas de zinco no Grupo Votorantim em repórter esportivo e depois em biógrafo e palestrante.

Pois... a mulher aprovou a minha – digamos – coragem de mudar e de enfrentar e vencer obstáculos que surgiram no caminho. Mas... ela me surpreendeu ao dizer:

– Agora veja só... estou na faixa dos 40 anos, atuei em várias frentes de trabalho no mundo corporativo e... não tenho uma profissão definida! Trabalhei em vários departamentos, principalmente ligados às definições das estratégias de algumas empresas, mas não me fixei em nenhum deles.

Na mesma hora fiquei a imaginar o montante de conhecimentos e informações acumulados por aquela profissional, tanto que arrisquei sugerir:

— Você tem noção da importância que isso tem na sua vida? Você tem noção da riqueza que isso representa numa carreira de consultora? Você tem noção do tamanho do valor que o seu trabalho pode ter para as empresas? Esta é uma enorme porta que se abre à sua frente!

Desta vez, quem se surpreendeu foi ela. Apesar de aceitar bem a ideia, segundos depois, havia um novo "problema" a ser resolvido:

— Mas... eu não sei quanto custa isso! Qual o preço de uma consultoria?

Veja só... a mulher agora estava em pânico por não conseguir colocar números e valorar aquilo que representa o maior patrimônio da vida dela: o conhecimento, a vivência.

Respondi então:

— Entenda que, quando o tema é experiência e conhecimento acumulados, não se pode falar em preço, mas em valor! Quando uma empresa a contrata, ela quer um nível de conteúdo que só você pode compartilhar, porque só você viveu aquela experiência e acumulou aquele conhecimento e aprendizado.

E finalizei desta forma:

— Você não tem preço, mas valor! Você não custa, você vale!

E antes de nos despedirmos, ela ainda disse aquilo que para mim foi o mais chocante:

— Mas o modelo que eu tenho de "valorização" é o do meu pai. Ele não tinha nenhuma ambição ou vontade de crescer na vida e dizia: "Para viver eu preciso de pouco, e para me locomover eu só preciso de uma calça, uma camisa e de um par de meias e outro de sapatos".

E fechei a nossa conversa tentando levá-la a refletir sobre a própria vida:

– Este é o modelo de vida e de felicidade para o senhor seu pai! Resta respeitá-lo. Mas... você quer este modelo para você? – ela, assustada, respondeu que "Não", e finalizei: – Então, entenda que este é um grande legado e "patrimônio" que ele te deixa! Há pais que mostram o caminho que devemos seguir, mas o senhor seu pai lhe mostrou um caminho inverso. Através das decisões que ele tomou para a vida dele você conheceu um caminho que não quer seguir, que não lhe serve!

Uma lágrima escorreu dos olhos dela, ao mesmo tempo em que um largo e lindo sorriso otimista dominou o rosto daquela mulher agora mais bela e cheia de vida.

Cheguei até aqui para utilizar-me deste exemplo e mostrar a você o quanto podemos ser daninhos com nós mesmos! O quanto podemos destruir aquilo que queremos, acreditamos e merecemos.

A estima é algo que carregamos dentro de nós!

De acordo com aquilo que pensamos e a forma como agimos, podemos torná-la um pesado fardo a ser carregado, o que também é chamado de baixa estima!

Mas também, de acordo com aquilo que pensamos e a forma como agimos, podemos torná-la um potente combustível e meio de transporte que irá nos levar a realizar aquilo que idealizamos. Também subiremos ao degrau da escada que pretendemos chegar! A este processo chamamos de alta estima.

E isso não tem nada a ver com ganância, e sim com realização profissional!

Então... defina para qual patamar você pretende levar a sua estima e faça uma seta à caneta ao lado dele:

☺ **alta estima**

☹ **baixa estima**

Ah... e não se esqueça de que quanto mais alto você subir, mais atento e mais bem-preparado deve estar! Maior poder de liderança você terá! E também mais pessoas você deve ajudar a fazer a escalada...

ERA UMA VEZ...

Assim começam as histórias dos contos de fadas... Assim terminam a histórias empreendedoras...

O *Era uma vez...* que acontece nos contos de fadas, com princesas, sapos, bruxas, príncipes, castelos, entre outros, não vale para o mundo atual, o do empreendedorismo.

Vivemos tempos difíceis. Para continuar a escrever a história da qual você é protagonista, é preciso grande entrega e comprometimento com a empresa e a carreira.

São tempos de alta gestão e entrega na busca pelo conhecimento e até de reinvenção da trajetória. O comércio revê a linha de venda... A fábrica tenta lançar produtos... O executivo agrega força de trabalho ao conhecimento de áreas em que não atuava...

Acredite: é assim que deve acontecer. Vivemos ao menos uma década daquilo que se pode chamar de "vacas gordas". Trabalhou-se, investiu-se e estudou-se muito, mas os resultados foram satisfatórios em todos os sentidos.

A "Lei da Compensação" atuou abundantemente, tanto na vida pessoal quanto na profissional: ganhou-se bastante dinheiro; gastou-se ou investiu-se bastante dinheiro em modernização das empresas, cursos, especializações, viagens, carros, teatros, restaurantes... em aprimoramento e lazer em geral.

Mas os tempos são outros. Os de agora exigem ajustes e apertos e, principalmente, muita crença num amanhã melhor e mais próspero.

Afinal, somos brasileiros, aqueles que nunca desistem! Encontramos saídas nas trevas, navegamos em meio ao vendaval, nadamos contra a maré, escalamos montanhas... Nós acreditamos quando todos já jogaram a tolha!

Então, antes de acreditar, de confiar, de prospectar um amanhã melhor, é preciso ser brasileiro! Isso resume uma porção de situações que envolvem pontos de motivação!

Nós somos brasileiros! Podem ter nos tirado dinheiro... bens materiais... trabalho...

Mas eles nos deixaram o nosso maior patrimônio! Eles nos deixaram a nossa inteligência... a nossa força e capacidade de trabalho... a nossa criatividade... a nossa cultura... os nossos amigos... E com todo esse patrimônio não podemos permitir e não vamos deixar que o Brasil se transforme no conto de fadas do "Era uma vez um país...".

Eles nos deixaram a nossa crença, a nossa fé! Eles nos deixaram a certeza de que o ontem foi maravilhoso... o hoje está complicado... mas que o nosso amanhã será muito melhor!

Assim aconteceu com Walt Disney, que, bem antes de criar o simpático e encantador Mickey, chegou a ser demitido de um jornal sob a seguinte alegação de seu chefe: "Faltam-lhe imaginação e boas ideias". Também na vida da escritora Joanne Rowling, ou J. K. Rowling, houve uma reviravolta; ela é mãe solteira e estava desempregada quando começou a escrever *Harry Potter*. E também com Andrea Bocelli, que antes de se tornar um tenor mundialmente conhecido e respeitado, se apresentava em bares da cidade de Pisa, na Itália; com o dinheiro que ganhava ele pagava aulas de canto e a faculdade de Direito. Já a respeitada apresentadora Oprah Winfrey chegou a ser demitida de uma emissora no início de sua carreira...

Sim... Eles não nasceram no Brasil, mas possuem o real espírito brasileiro!

E assim também aconteceu com tantas das nossas Marias... com tantos dos nossos Josés... que desafiaram os "nãos" que receberam e as portas que se fecharam até que alcançassem seus trunfos e propósitos de vida!

Não desista! Não deixe que a insegurança e o medo destruam seus sonhos e aquilo em que você acredita! Enfrente e vença!

Digo isso porque eu sou brasileiro! Eu aposto nisso! E você?

THE PRESENT MOMENT!

O passado serve para construir a nossa biografia...
O futuro guarda os nossos sonhos, metas, objetivos... a nossa motivação para seguir em frente...

Mas... e para que serve o presente?

É natural que as pessoas se orgulhem ou queriam "apagar" aquilo que viveram no passado... que anseiem pela chegada do futuro... mas que desprezem o presente!

Isso é o maior dos erros que cometemos! O *ontem* e o *amanhã* se fundem no *hoje*!

O *hoje* conserta e valoriza o ontem... O *hoje* prepara o amanhã!

A importância do *hoje* se faz literalmente presente mais do que nunca nesses tempos em que vivemos. Tempos de indecisão, de indefinição e de imprevisibilidade.

Mas são tempos de viver e focar intensamente no *hoje*! Certamente, o *hoje* é o mais rico e importante dos dias das nossas trajetórias!

Tenho biografado alguns dos mais importantes e bem-preparados empresários do nosso país! São mulheres e homens de grande sucesso e que valorizam o *hoje*! São mulheres e homens que aprenderam a importância do *hoje*, onde podem aplicar tudo que aprenderam no *ontem* e agregar novos conceitos para aumentar o legado e estarem mais bem-preparados para o *amanhã*.

Lembro-me das sábias palavras de um dos meus biografados, o doutor João Uchôa Cavalcanti Netto, juiz de Direito aposentado e fundador da Universidade Estácio de Sá. Certa vez, numa das nossas enriquecedoras conversas, ele me disse:

– Elias, durante toda a minha trajetória eu me preocupava em saber e cumprir aquilo que a vida queria e exigia de mim. Hoje, a situação se inverteu. Ao invés de querer saber o que a vida quer de mim, eu me pergunto: "O que eu quero da vida?".

Apenas a evolução do ser humano permite atingir tal estágio! Apenas o *hoje* permite alcançar tal profundidade de reflexão!

Também vale compartilhar com você uma conversa que tive com o incrível maestro João Carlos Martins. Dono de rica biografia, o maestro notabilizou-se pelas dificuldades que teve de enfrentar e vencer na vida e pelas reinvenções que a sequência de problemas físicos lhe provocou na carreira. Pois foi emocionante ouvir dele:

– Elias, confesso que, apesar de tudo que vivi, apenas nos dias atuais é que eu aprendi a conviver com as adversidades da vida.

Eis outro depoimento sobre a importância do *hoje* em nossas vidas!

A esses depoimentos somam-se tantos outros exemplos de valorização ao *hoje* entre os meus biografados:

O empresário Celso Ricardo de Moras, presidente e responsável pelas altas estratégias do Grupo CRM (Kopenhagen, Lindt e Chocolates Brasil Cacau), se permite *hoje* dedicar grande parte do seu dia à música, para compor e tocar piano.

Oscar Schmidt, principal nome do basquete brasileiro e palestrante de destaque, aprendeu a valorizar no *hoje* o seu maior patrimônio: a vida!

O varejista Mário Gazin profissionalizou a empresa e busca *hoje* a felicidade plena!

No meu *hoje* eu quero escrever mais e mais e curtir a minha família.

E você, tem cuidado bem do seu *hoje*?

Não é à toa que surgiu aquela famosa frase: *Não deixe para fazer amanhã aquilo que você pode fazer* **hoje**!

Afinal... amanhã pode ser tarde demais...

O TEMPO...

Recentemente, conversei bastante com um dos meus biografados, o empresário Mário Gazin, presidente da quarta maior rede de varejo do segmento em que atua. Como sempre, aprendi muito, revigorei os conceitos.

Ele é um daqueles empresários chamados de *self-made man* (empreendedor que se fez sozinho, que venceu pelos seus próprios méritos), que transformou o "menos nada" em tudo... Que transformou o sonho numa empresa bilionária! Que mesmo sem ter tido a oportunidade de estudar, tornou-se um homem muito culto.

Mas entre tantas "riquezas" que recebi naquele diálogo, assim também como durante todo o tempo em que o entrevistei para colher material para escrever a biografia dele, uma frase me marcou bastante, quando o empresário Mário Gazin disse:

"Elias, o que eu levei 50 anos para construir, nos dias atuais um jovem consegue construir em 15...".

Claro, como biógrafo e contador de mais essa linda trajetória e história de vida, eu entendo bem aquilo que o empresário Mário Gazin quis passar com esta ideia. A empresa dele nasceu "escondida" em Douradina, no interior do Paraná. Pois ele teve que enfrentar a distância dos grandes centros, a desconfiança dos fornecedores, as condições adversas de transporte, a falta de mercadorias e de recursos, a indisponibilidade de empréstimos para injetar no negócio... São inúmeros pontos adversos...

Mas se lhe faltaram condições favoráveis, lhe sobraram garra, força de trabalho, feeling, criatividade, perseverança... Sobraram a

Mário Gazin o que ninguém pode tirar da pessoa: a esperança, os sonhos e a vontade e força para realizá-los!

Desta forma, a Gazin completou uma trajetória de cinco décadas! E como ele gosta de dizer: "Trocamos o sucesso pela geração de valor". Um valor que fez com que a companhia se tornasse a terceira melhor empresa para se trabalhar na América Latina...

São muitas as conquistas... São cinco décadas de histórias para alcançar aquilo que chamamos de sucesso!

Isso explica porque a frase dita por Mário Gazin me marcou tanto... Realmente, hoje um jovem não precisa mais do que 15 anos para triunfar na vida e carreira...

Tudo está muito mais rápido! Se o jovem empreendedor seguir as "regras" atuais, ele erra menos, terceiriza mais, baixa os custos, segue-se pelas tendências econômicas do mercado, cria estratégias ousadas, contrata gente experiente no mercado, internacionaliza o negócio e fala com o mundo...

Nossa... com que velocidade tudo pode acontecer nos dias de hoje! Com que agilidade as empresas e carreiras atingem o topo!

Mas... não é à toa que se criou o "jargão": *Tudo que sobe, desce...*

É realmente dessa forma que acontece... A velocidade pode também tirar a sustentabilidade na manutenção dos resultados, encurtar a longevidade da empresa ou carreira, diminuir a curva ascendente do negócio ou trajetória...

Claro, nem tanto ao céu... nem tanto ao mar... Nos tempos modernos, você realmente talvez não precise de 50 anos de trabalho para fazer com que sua carreira ou empresa torne-se bilionária... Mas também deve tomar cuidados para que ela não se torne bilionária de forma tão rápida e desestruturada que, assim como uma bexiga nas festas de aniversário, estoure por si só de tão cheia ou num simples relar de algo pontudo!

Saúde é uma palavra que vale não só para você, para o seu organismo, mas é o que define e determina como anda a sua empresa.

Assim como acontece com o ser humano, às vezes a "doença" da empresa é tão "grave", que não há medicação ou tratamento que resolva... E aí só ficam as lembranças...

É por isso que o empresário Mário Gazin comemora ter construído o seu império em cinco décadas e alerta aos que irão construir seus impérios em ciclos mais curtos ao dizer:

"Eu toco os negócios com responsabilidade! Faço isso porque eu não quero que daqui a alguns anos meus filhos ou netos passem na porta do nosso prédio e digam: 'Esta aqui era a sede da empresa que um dia foi do meu pai ou avô...'."

TÃO PERTO, TÃO LONGE...

Caras/os leitoras/es, amo conversar. Onde quer que eu vá, sempre puxo conversa com quem está ao lado. E é impressionante como em pouco tempo de papo as pessoas começam, mesmo sem saber qual é a minha profissão, a contar suas histórias de vida.

Certamente que, como biógrafo, tenho a conversa e a característica de saber ouvir como pontos da base da minha vida e carreira. É por meio da conversa e como bom ouvinte que consigo ter "matéria-prima" para escrever os meus livros. E como é saboroso bater um bom papo... Em especial com pessoas que considero verdadeiros gurus e que sempre compartilham seus ricos conceitos.

Recentemente, almocei com um deles. Os aprendizados que recebi foram mais saborosos que a comida. E quero compartilhar com vocês um dos pontos da nossa conversa.

Num determinado momento, passamos a falar dos celulares... Ficamos a imaginar como um aparelho telefônico, feito para fazer ligações, é mais utilizado para ouvir, assistir e, principalmente, para gravar e escrever mensagens do que conversar...

Foi quando o "guru" soltou essa:

"*Não temos como viver sem a tecnologia, a inovação... Mas elas aproximam pessoas distantes e distanciam pessoas próximas...*".

Fez-se silêncio na mesa... É exatamente isso que acontece...

Através da tecnologia, da inovação, é possível aproximar pessoas que estejam em ruas, bairros, cidades e países diferentes... Ligação telefônica, Skype, WhatsApp, Viber, Facebook, Linkedin,

Instagram, Snapshat... são recursos e mais recursos... É possível formar, titular e capacitar gente!

Em contrapartida, é comum encontrar pessoas sentadas numa mesma mesa, num mesmo ambiente, e cada qual estar "mergulhada" nos seus aparelhos. Trocam até mensagens entre si, mas não palavras...

Sim... essa é a dinâmica que cada vez mais se torna a regra. Mas para quem, como o meu guru e eu, não troca a palavra falada pela escrita, mesmo fazendo uso de ambas, isso é de certa forma chocante.

Custa-nos saber que as relações interpessoais caminham cada vez mais para o modelo da virtualidade. Custa-nos saber que para alguns é mais fácil ser eles mesmos digitando do que conversando ou olhando de frente para a outra pessoa.

Então, quando você estiver perto de alguém, troque o *send* e o *enviar* pelo "olá"... Essa é uma fórmula antiga, mas também a mais eficiente e eficaz para conhecer pessoas, fazer amigos... e também para encontrar oportunidades e fazer bons negócios!

O ATO DE DECIDIR

Quanto mais você decide, mais assertivo fica...
Ufa... acabo de sair de uma maratona de trabalho... Escrevi dois livros na sequência... Mal acabei um e já mergulhei na escrita do outro. São duas grandes histórias, duas grandes biografias... Cada qual dos biografados vindo de um ponto do país e de uma base... Ambos de enorme sucesso!

Mas disse isso para entrar no nosso tema em destaque! Foram praticamente 150 dias de constantes tomadas de decisões! Uma série ininterrupta de ter que decidir entre o "certo" e o "errado", entre cortar e deixar texto, entre manter ou não a passagem... Entre contar de uma forma ou de outra a história...

Qual a estrutura do livro? Como iniciar? Onde encaixar? Onde começar e encerrar um capítulo? Como terminar a história?...

Esta é a dinâmica! Eu não decido sobre pessoas, mas sobre a participação delas na história... Eu decido sobre palavras!

E durante a escrita de um livro, quanto mais eu decido, mais pesada e afunilada fica a carga que resta nas decisões. É como um campeonato de futebol ou de outro esporte: quanto mais partidas você vence, quanto mais etapas você avança, mais difícil fica a disputa... E quando se chega à "final", haja comprometimento, equilíbrio e poder de decisão!

Ainda sobre o futebol, nos tempos em que eu era repórter esportivo presenciei muitas competições em que as "zebras" foram campeãs, os favoritos perderam títulos e também os primeiros colocados mantiveram seus favoritismos em *playoffs*. Mérito de quem soube decidir; demérito de quem pecou nas decisões!

Essa é a base de tudo! Aliás, através de algumas decisões equivocadas, ou mesmo da falta de algumas delas, temos acompanhado os incalculáveis prejuízos acarretados ao Brasil. Digo incalculáveis porque precisamos colocar na balança, além do aspecto financeiro, a depreciação internacional da moral e da imagem do nosso país! E muitas vezes isso custa mais caro do que o próprio dinheiro...

As decisões trazem perdas e ganhos! Ainda tomando o futebol como exemplo, se o técnico opta por escalar um lateral direito mais ofensivo ao invés de um que defende mais, ele ganha em poder de ataque, mas perde na proteção do gol. E muitas vezes uma decisão provoca outras mudanças, como a de fazer com que outro jogador possa cobrir esse espaço que fatalmente será criado ao escalar um lateral ofensivo.

Isso vale também para o mundo corporativo. Nas decisões dos líderes, como, por exemplo, a de investir fortemente na área comercial, outra sequência de decisões deverá ser tomada. De nada adianta vender mais se a empresa não investir em matérias-primas, capacidade produtiva com máquinas e mão de obra, logística, área financeira...

Enfim... Quando tomamos uma decisão, não devemos mirar apenas no efeito imediato localizado ou da área em questão, mas também em tudo que aquela deliberação irá provocar ao seu redor.

E você, como tem se portado na hora de decidir? Seja como empresário, colaborador, pai de família, filho... você está sujeito a um grande volume de decisões. Até porque, se hoje você toma decisões por algumas pessoas, no futuro serão elas que irão decidir o seu destino... Algo como acontece na relação entre pais e filhos...

Então, se você nunca parou para pensar nisso, sugiro que comece a fazê-lo desde já!

Essa talvez possa ser a primeira grande decisão que você irá tomar ao terminar de ler este texto!

BRILHO NOS OLHOS...

Amo dar aulas e exerci por muitos anos a atividade de professor do quarto ano de jornalismo de uma das importantes universidades de São Paulo. A matéria que ministrei era a de Rádio... o tão apaixonante e dinâmico rádio...

Pois foi justamente uma das minhas aulas iniciais de um novo ano letivo que me ofereceu a pauta para este texto. Levei a turma para a estreia no estúdio, onde todos fariam uma apresentação ao microfone.

Claro, a minha profissão exige que eu seja bastante atento aos detalhes, fisionomias, ações e reações das pessoas... E o que me chamou a atenção naquele dia foi o seguinte fato: cada qual que se sentava à frente do microfone, uns mais, outros menos, apresentavam "brilho nos olhos"...

Isso me faz lembrar dos tempos em que eu era repórter esportivo... Acompanhei muitas estreias de técnicos e jogadores em times grandes. E eu percebia neles o mesmo que constatei nos alunos: "brilho nos olhos"...

Mas, infelizmente, da mesma forma que eu observo essa reação tão incrível de quem inicia uma atividade ou etapa, também constato que, com o passar do tempo, a maioria desses "olhos" começa a perder seu "brilho"... Que triste isso...

A grande parte dos alunos passa a permitir que aquela sensação tão agradável de desafio da estreia ao microfone se torne rotina...

Os jogadores, sujeitos a elogios e críticas, acertos e erros, vitórias e derrotas, deixam que essas marcas apaguem gradativamente aquele brilho... Até que tudo passa a ser comandado por um botão: apertou *on*, liga e funciona; apertou *off*, desliga... Que triste isso...

A mesma situação dos meus alunos e que presenciei no futebol transfiro agora para o mundo corporativo... Quanta gente começa a carreira como "leoa/leão" e termina como "gatinha/gatinho"? Claro, a metáfora serve para exemplificar a grande energia colocada no início e a redução que ela vai tendo com o tempo... Deixam que a decepção, insegurança, medo sejam mais fortes que as conquistas... Que triste isso...

Não dá para ser assim!!! Você não pode deixar que pessoas ou que a estrutura destruam os seus sonhos... Você não pode ser o agente destruidor dos seus sonhos...

Não quero ser repetitivo, mas o "brilho" que emana dos "meus olhos" é capaz de iluminar uma cidade, um país... Digo isso porque eu amo o que faço... Amo escrever, biografar, entrevistar, conversar, palestrar, dar aulas, organizar textos... Amo viver tudo isso intensamente... Que lindo isso...

Peço a você que repense a sua vida... Que se fortaleça nas dificuldades para vencê-las... Que comemore e cresça nas vitórias... Que lindo isso...

Que aprenda com as derrotas e seja humilde nas vitórias, entendendo que mesmo com o triunfo há muito a evoluir... Que lindo isso...

Que você vibre e coloque toda a sua energia nas relações com o trabalho, colegas, amigos e família, que tenha uma espiritualidade elevada e que permita a você ter conexão direta com Deus... Que lindo isso...

Que você descubra a sua verdadeira missão e o seu verdadeiro propósito, que é o de mudar vidas e transformar pessoas... E o de fazer tudo isso intensamente e com "brilho nos olhos"...

QUE LINDO ISSO!!!

A BELEZA E A IMPORTÂNCIA DA TRANSFORMAÇÃO

Uma das minhas filhas, quando completou 17 anos, retornou de um período de seis meses de intercâmbio no Canadá!

Posso dizer que uma filha foi e que outra voltou. A que foi tinha lá seus medos e receios, suas incertezas e anseios. A que voltou trouxe consigo na bagagem mais segurança, coragem, metas e objetivos cumpridos e a cumprir, desenvoltura para resolver situações...

Ela trouxe mais conhecimento... a certeza de que está pronta para provocar em sua própria vida transformações para ter um futuro ainda melhor e mais promissor.

Em seis meses, a minha menina cresceu muito mais por dentro do que por fora. Em altura, são alguns centímetros a mais; em seu íntimo, nas formas de ser, pensar e agir, foram milhares de quilômetros de crescimento!

Depois do retorno, ela passou a viver uma nova e importante etapa. Da mesma forma que esse "corpo estranho" precisou provocar a sua inclusão no modelo e sociedade canadense, minha filha passou pelo processo de reinserção nos ambientes que ela já tão bem conhecia no Brasil. Foram novas descobertas, novas posturas, novos aprendizados! E eu me orgulho muito dela por tudo isso!

Ter cumprido essa meta com sucesso despertou na minha outra filha, então com 14 anos, o desejo de também viver essa rica experiência; de enfrentar e vencer esse desafio. Para nós, pais, o investimento é pesado! Mas digo que vale a pena esforçar-se para permitir que os nossos filhos vivam essa grande transformação.

Eu quis compartilhar isso com vocês para dizer que os modelos de educação mudaram. A experiência internacional, do "aprender a se virar", transformou-se quase que em regra.

Nasci em 1961. No meu tempo de adolescente, querer passar um tempo fora do país era "coisa de desocupado". De alguns anos para cá, tornou-se "coisa de gente antenada, arrojada e pronta para o mundo".

Com todo esse processo, eu fiquei a pensar: há quanto tempo eu não provoco um grande desafio na minha vida?

Eu amo viajar. Eu amo escrever livros e os contatos que faço sempre me fazem renovar a agenda e reinventar-me. Nunca permiti que a monotonia pautasse a minha vida!

Mas cheguei à conclusão de que preciso viver uma nova experiência! Pode ser uma viagem sabática, um novo projeto, um desafio que me faça sentir frio na barriga!

Posso afirmar algo a vocês: sei que, como pai, eu tenho buscado cumprir fielmente a missão de procurar compartilhar com as minhas filhas todo o aprendizado que tive.

Mas descobri algo maravilhoso: elas também podem e têm me ensinado muito! Como agora, nesse processo do retorno da minha filha. Eu tenho me sentido como que numa cadeira de sala de aula, enquanto a menina me ensina o que é viver intensamente!

Portanto, o aprendizado nunca acontece em sentido único! Ele é uma via de duas mãos!

Então, reflita, assim como eu fiz, sobre como anda a sua vida!

Às vezes, precisamos mesmo nos sentir um "corpo estranho" no universo para provocar uma grande transformação em nossas vidas! E não tenha receio de se sentir assim! Viver um processo como esse é necessário, além de maravilhoso!

SANTO DE CASA E DE FORA DE CASA FAZEM "MILAGRES" SIM!

O brasileiro é um otimista nato! Damos tudo de nós para reverter uma situação difícil e complicada e para encontrar caminhos para minimizar ou mesmo transformar os efeitos de uma crise em ações de sucesso.

E, como muitos, acredito naquela velha história de cortar o S da palavra CRISE e transformá-la em CRIE ou mesmo substituí-lo pelo $: CRI$E.

Mas há também um ditado que diz: "Santo de casa não faz milagres". A frase refere-se ao fato de que, por mais especialistas que sejamos num determinado assunto ou profissão, acabamos por ser relapsos quando precisamos usar nossa expertise para resolver os próprios problemas.

Pois é neste ponto que quero chegar! Na sua empresa, assim como nas outras, há um clima de incerteza, de preocupação, talvez até de medo. O símbolo de mais (+) cedeu espaço para o de igual (=) e/ou o de menos (-).

Mas é preciso entender que se você, como gestor, vive esse clima de preocupação, a sua equipe também está passando por situação semelhante: há incerteza, preocupação e medo!

Portanto, essa é a hora de você estar próximo da sua equipe, do seu grupo de trabalho! Não adianta nada a alta cúpula da empresa se trancar no último andar do prédio, para discutir e definir estratégias e ações que serão tomadas, se nos andares de baixo do prédio, ou mesmo na fábrica, o "fantasma" da crise e da demissão ronda o ambiente!

Jogue limpo com o seu time! Nisso o futebol deixa grandes lições! Quando eu ainda era repórter esportivo, acompanhei partidas memoráveis. Mas sabe como os técnicos e os assistentes diretos das equipes que venciam campeonatos agiam?

Eles estudavam os adversários, que podemos chamar de crise, e avaliavam seus pontos fortes e fracos, que seria como estudar os cuidados que se deve ter e as oportunidades de novos negócios e redirecionamentos que a crise apresenta.

E aí vem o ponto mais importante: em poder de todas essas informações, o técnico e seus assistentes, que comparativamente representam na estrutura corporativa o presidente e seus diretores e gerentes, conversavam, conscientizavam e preparavam os jogadores, que são os funcionários, a estarem firmes e fortes para vencer a partida; para vencer a crise! Ou você imagina virar o jogo sem contar com a força de trabalho dos seus funcionários?

Que fique então esse alerta num momento em que, de forma metafórica, o juiz acaba de apitar o início do jogo.

Claro que você precisa motivar essa equipe através da contratação de palestrantes, especialistas, de gente que enxerga que metade do copo está cheio quando a maioria só vê metade de um copo vazio!

Mas você que é gestor não pode fugir da sua responsabilidade de estar perto do seu grupo e equipe de trabalho! De mostrar com clareza o cenário que se apresenta para os meses futuros, independentemente de qual seja. De falar a verdade!

É em você que o funcionário confia! Faça valer o seu papel de líder!!!

Assim, podemos mudar o velho ditado e dizer:

"Santo de casa e de fora de casa fazem 'milagres' sim!".

A "MAGIA" DO SUCESSO

"Eu parei de fingir para mim mesma. Assumi que eu não era nada além do que eu era, e comecei a dirigir toda a minha energia para terminar o único trabalho que importava para mim. Fui posta em liberdade! Eu ainda tinha uma filha a quem eu amava, uma máquina de escrever antiga e uma grande ideia. E assim o fundo do poço tornou-se uma base sólida sobre a qual eu reconstruí minha vida."

Biografias... Eu amo conhecer e escrever histórias... E não pense que a sua é melhor ou pior do que a das outras pessoas. Ela é simplesmente única! Só uma pessoa a viveu: você!

As palavras acima foram ditas por uma mulher de grande sucesso! Alguém que foi do "inferno ao céu". Alguém que saiu da necessidade extrema e reuniu uma fortuna de mais de £ 1 bilhão (em torno de R$ 4,2 bilhões)!

Farei um pouco mais de suspense! Nossa vencedora bilionária foi reconhecidamente por muito tempo a "Miss fracasso"! Nada daquilo em que ela se envolvia dava certo! Fracassou no casamento e nos relacionamentos... Fracassou nas primeiras escolhas profissionais... Fracassou na carreira... Fracassou... Fracassou... Fracassou...

Com a sequência de insucessos e a falta de dinheiro, vieram a falta de esperança e a depressão. Pensou até em dar um fim à própria vida!

Agora, sim, podemos explicar quem é essa mulher e a "tradução" do sentido das palavras acima! Como ela mesma disse: "Fui posta em liberdade"!

Naquele "inferno" em que se transformou a vida dela, a escritora J. K. Rowling, a Joanne "Jo" Rowling, percebeu que, em meio a tantos fracassos, ela estava rodeada por grandes riquezas: "Eu ainda tinha uma filha a quem eu amava, uma máquina de escrever antiga e uma grande ideia"... Que surgiu dessa forma: "Eu estava viajando de volta para Londres em um trem lotado, e a ideia de Harry Potter simplesmente caiu na minha cabeça".

Eu faço a seguinte leitura da frase: a filha a quem ela amava era seu grande estímulo para não esmorecer e seguir em frente; a máquina de escrever, mesmo estando na década de 1990 e o computador já sendo uma realidade, era o que restava e, conforme a vida nos ensina: às vezes, precisamos saber fazer omeletes mesmo não tendo ovos para prepará-los; e a grande ideia (Harry Potter) é exatamente aquilo que estimula um grande sonho, lembrando que as grandes fortunas nasceram justamente através das ideias e da energia colocada em prática para realizá-las!

Claro, para sobreviver ela teve que dar aulas de inglês, trabalhar como secretária bilíngue... Mas a ideia e o sonho permaneciam vivos!

Com suas três "riquezas", Joanne acomodava-se nos cafés. Enquanto a filha descansava, ela deslizava seus dedos pelas teclas da máquina de escrever, com a mente concentrada, feliz em seu íntimo e com enorme sorriso no rosto. A mulher estava realizada e percorrendo um caminho que a levaria ao "céu".

Ela então finalmente concluiu a obra e sua perseverança foi novamente colocada à prova: levou o livro para um editor, que recusou o material... o segundo também... o terceiro idem... o sexto respondeu: li, mas não temos interesse... Até que, lá pela décima editora, a Bloomsbury, Joanne ouviu: "Gostei, vamos publicar e lhe adiantamos £ 2.500 (libras esterlinas) de direitos autorais" (aproximadamente R$ 11 mil)...

Bem... daí por diante, todos nós já conhecemos os capítulos da sequência de uma biografia que ainda está em construção. E podem ter certeza: J. K. Rowling, ou Joanne "Jo" Rowling, conquistou duas grandes riquezas. Uma delas através dos direitos autorais e contratos cujas somas ultrapassam £ 1 bilhão.

A outra tem valor inestimável e supera em dezenas... centenas... milhares de vezes a riqueza de £ 1 bilhão. Estou falando da história de vida, da biografia da autora. De tudo que ela viveu, errou, acertou, chorou, sorriu e sonhou...

Que as passagens que constroem a biografia de J. K. Rowling possam motivar você a criar ideias e a ir em busca dos seus sonhos.

Mas não se esqueça: a biografia alheia pode motivar, mas transformar sua vida depende única e exclusivamente de você e dos seus próprios pensamentos e atos!

VOLTAR NO TEMPO... MESMO QUE EM PENSAMENTO...

Estive certa vez fazendo uma palestra na cidade de Campos do Jordão, num evento incrível chamado Epicentro, dirigido ao público jovem e empreendedor. Um fato me chamou a atenção depois da palestra. Um dos jovens veio falar comigo e me fez uma bela pergunta:

– Elias, estou com 21 anos de idade. Se você pudesse voltar aos seus 21 anos, o que faria? Como você direcionaria a sua vida?

Naquele curto espaço de tempo, em que eu recebi a pergunta e que o jovem aguardava a resposta, tive tempo de voltar aos meus 21 anos... Que período maravilhoso! Eu trabalhava no Grupo Votorantim, na área comercial de zinco, e cursava Administração de Empresas na PUC. Eram tempos mágicos. Eram tempos de grandes aprendizados e conquistas profissionais.

Ali comecei a direcionar-me para uma carreira promissora. Trabalhei muito e priorizei o lado profissional, o que me levou a ter problemas com as matérias na universidade. Reprovei em algumas e fui carregando as temidas dependências. Mas, claro, eu estava – ou achava que estava – feliz e realizado profissionalmente. Meu grande foco era construir uma carreira executiva de sucesso. Mas será que eu fiz a opção certa? Será que eu deveria ter minimizado a importância dos estudos perante a profissão?

Terminei o curso na PUC aos trancos e barrancos... Mas a carreira na Votorantim ia de vento em popa... Até que eu descobri que tudo aquilo não me realizava. Pedi demissão e fui trabalhar com jornalismo. Cursei a segunda faculdade. Outra vez, priorizando a profissão, levei a faculdade na boa... Mas me formei sem carregar dependências.

Sim... deu tempo de "assistir" a esse filme na minha mente, na conversa com aquele jovem. Eu precisava passar-lhe a minha resposta. Olhei bem para o jovem... projetei-me naquele rapaz tão sonhador quanto eu era e disse:

– Se eu tivesse a sua idade, eu ia estudar e me preparar muito. Iria fazer cursos, MBAs, viajar e passar um tempo fora, para conhecer e trocar culturas... Iria viver experiências diversas... Eu iria aprender e experimentar... Faria isso na década em que estivesse na faixa dos 20 anos! E aí, transformado por tanto aprendizado e conhecimentos diversos, eu estaria pronto para seguir na carreira que me trouxesse felicidade e realização.

Expressei a ele aquilo que sinto hoje, com tudo que aprendi e vivi, com tudo que errei e acertei, com tudo que me trouxe até aqui.

Minhas palavras representavam também um olhar observador de professor. Percebo na sala de aula que muitos jovens também focam no trabalho e entendem que a faculdade é a parte mais "chata" do processo. Puro engano!

Pena que talvez eles só percebam isso quando, assim como eu, tiverem passado dos 50 anos de idade...

Pena que talvez eles só percebam isso quando, assim como aconteceu comigo, um jovem apresentar-se a eles e perguntar:

– Estou com 21 anos de idade. Se você pudesse voltar aos seus 21 anos, o que você faria? Como você direcionaria a sua vida?

VAMOS FAZER UMA REBELIÃO?

Estava eu revirando minha biblioteca, quando encontrei ali um livro pelo qual tenho enorme zelo e carinho, principalmente porque ganhei de um dos meus biografados: o doutor João Uchôa Cavalcanti Netto, fundador da Universidade Estácio de Sá, um dos homens mais bem-preparados que conheci!

Estou falando da obra *Transformando crises em oportunidades*, do indiano Rajneesh Chandra Mohan Jain, mundialmente conhecido por OSHO. Ele foi professor de filosofia e mestre na arte da meditação; fundou um movimento espiritual com características de uma nova religião.

OSHO sempre teve ideais fortes, pensamentos contrários aos da maioria e que chocam muitas vezes.

Transformando crises em oportunidades... Parece que OSHO gerou esse conteúdo pensando no Brasil e na década de 2010!

Mas, no livro, encontrei um capítulo que me chamou a atenção: *Três maneiras de abordar a mudança: Reforma, Revolução e Rebelião.*

Mudar... Verbo que mexe com o humor das pessoas... Alguns se adaptam bem às mudanças; outros nem tanto; outros ainda abominam.

"Levantem as mãos os que são voluntários às mudanças..." – certamente, poucos o farão, mas estarei entre eles!

Pois bem, OSHO explica cada uma dessas maneiras de mudar.

Para ele, a Reforma é a mais superficial das mudanças; só toca a parte externa e nunca ultrapassa a profundidade de nossa pele. Digamos que vem de fora e não consegue penetrar na nossa essência. É uma sensação enganosa de mudança.

Talvez essa "Reforma" seja explicada pela conquista puramente material, pela aparência. Roupas, maquiagens, tratamentos, cremes... tudo que transforma o lado externo. Mas nada disso nos torna seres humanos melhores e mais bem preparados. Tem mais a ver com o ego.

Seguindo as ideias de OSHO, chegamos às mudanças através da "Revolução". Essa mudança lida com a moralidade, com o caráter. A Revolução nos permite dizer "não" por convicção; diferentemente da Reforma, que nos faz dizer "sim" pela conveniência.

Revolucionar... Que verbo forte, poderoso! É o que o Brasil precisa: uma revolução política, econômica, fiscal e motivacional. Sim... Revolucionar pela nossa moral, pelo nosso caráter, para reescrever e redirecionar a nossa história!

Revolucionários são os que mergulham em suas essências, resgatam e tratam os seus reais valores, e os utilizam como "armas" para virar o jogo!

Ainda sobre os conceitos de mudanças trazidos por OSHO, destaco o terceiro e último: a Rebelião! O indiano diz que a Rebelião parte do próprio cerne interior, que muda a consciência, que é radical. A Rebelião é transmuta, alquímica, capaz de realizar a conversão de um elemento químico em outro!

Refletindo sobre tudo isso, cheguei às minhas conclusões.

Reformar é bom... Revolucionar é ainda melhor... Mas a grande transformação, a grande "rebeldia" de querer se transformar num ser humano melhor, mais sábio, mais confiante, menos ligado em amarras, menos interessado em agradar e sim em transformar pessoas, é a Rebelião! Esta mexe no nosso "Eu".

A Rebelião é o pavio que faz a dinamite estourar! Rebele-se sem medo!

Então, caras/os leitoras/es, as cartas estão nas nossas mãos! Embaralhá-las, distribuí-las, jogá-las e vencer o jogo só depende de nós!

E para fechar essa reflexão, utilizo mais palavras do próprio OSHO:

"Nas mãos certas, até um veneno pode se tornar remédio; nas mãos erradas, até um remédio pode se tornar veneno...".

CONSUMIDORES LESADOS S.A.

Certamente todos já ouviram a seguinte frase: "Mais difícil que chegar ao sucesso, é manter-se nele". Esta é a mais pura das verdades. Ninguém chega ao topo sem antes passar por diversos obstáculos e sem ter um prévio conhecimento de todas as etapas de um processo. Em especial, quando o assunto se trata de vendas diretas para o consumidor final. É fundamental que essas fases tenham começo, meio e... continuidade. Pois crescer todos querem, mas alguns colocam isso antes de aspectos que provocam o crescimento, transformando, assim, a continuidade em fim.

Quando um empresário ou empresa chega ao sucesso, que pode levá-lo à liderança de mercado, é porque tem um produto de qualidade, investe na constante melhoria da qualificação dos colaboradores e oferece benefícios interessantes a eles. Além disso, transforma fornecedores em aliados, cria linhas de fidelização dos clientes e tem uma logística competente. E o principal: jamais despreza nenhuma das etapas comerciais. Ele cria uma verdadeira caça aos desperdícios e gargalos.

Todos querem crescer com seus negócios e carreiras, mas alguns colocam isso antes de aspectos que provocam o crescimento. Vamos falar em vendas... Na relação do pré, do durante e do pós-venda. O pré-venda é envolvente, fundamentado em uma conversa que marque presença no comprador.

A segunda fase, do durante, é aquela em que geralmente se "pode tudo": "Pode mexer na estrutura"?; "Pode entregar em 10 dias"?; Pode mudar a cor depois"?... "Pode... Pode... Pode"? Claro, tudo pode! Aí, a venda foi feita... E aquele sujeito, o comprador, que era até então uma pessoa maravilhosa, agradável, passa a ser... "O chato que reclama de tudo...".

Infelizmente, essa ainda é uma dura realidade.

Tenho estado atento e sido vítima daqueles que encaram o cliente como um – desprezível – detalhe no crescimento da empresa.

Exemplos? Não faltam! Um dos mais divertidos aconteceu quando eu viajava para Casa Branca, no interior de São Paulo, onde fui fazer uma palestra sobre o livro *Ensina-me a ensinar*, que escrevi fundamentado na experiência de vida do empresário Affonso Brandão Hennel, fundador das *joint-ventures* Semp Toshiba e Semp TCL.

Parei num daqueles "três em um" das estradas: restaurante, loja e lanchonete. Um sujeito pacato, interiorano, daqueles do tipo tranquilo e boa praça, queria um cappuccino gelado, e perguntou se estava adoçado. A reposta, vinda provavelmente do gerente do posto, pois estava trajado diferentemente de outros funcionários, foi: "Não, está sem açúcar". Ok, o homem então pediu um cappuccino, mas disse que queria tomá-lo com açúcar mascavo. Ao indagar o gerente se havia aquele tipo de produto para adoçar, a resposta foi categórica: "Claro que temos!".

Feliz, o homem repetiu: "Quero um cappuccino com açúcar mascavo". Como o gerente atendia outra pessoa, o homem lhe perguntou ainda mais umas três vezes se havia açúcar mascavo. E recebeu todas as repostas positivas: "Certamente que temos"; "Pode apostar que sim"; "Temos sim, o produto é muito pedido"...

Bem, finalmente o cappuccino foi servido, e o homem então disse: "Por favor, pode me dar o açúcar mascavo"?

O gerente procurou em cima do balcão, e nada... Mexeu embaixo do balcão, no armário, e nada... Desconcertado, respondeu então: "Acabou!". Bastante desapontado, o cliente disse, empurrando o copo na direção do gerente: "Pois então fique com a bebida. Não quero mais!".

Eu, que acompanhava tudo, parabenizei o cliente. Ora, justamente no "pós-venda" o gerente foi pisar na bola?

Aquilo me fez relembrar as conversas com o doutor Affonso Brandão Hennel, durante a escrita do livro, quando ele me falou com tanta convicção: "O que aprendi de melhor com meu pai foi o respeito ao cliente. Por várias vezes parei a produção para repor peças que faltavam no conserto de um ou mais produtos na assistência técnica. Antes de vender a próxima peça, deixe aquele que acreditou no seu produto feliz".

É por isso que essa parceria entre a Semp e a Toshiba durou quatro décadas... É por isso que nasceu a parceria da Semp com a TCL...

E se você tem um bom parceiro, ou pensa em iniciar uma parceria, leve isso em consideração...

Por isso, tendo como base a frase que abriu este texto, deixo aqui um aviso aos navegantes de primeira, segunda, décima, centésima ou milésima viagem: "Mais difícil que chegar ao sucesso, é manter-se nele". Ou, em outras palavras, *cuidado para não destruir o que você mesmo construiu.*

CHAPA COM GUIA...

Criatividade! Esse é realmente o maior diferencial entre as pessoas neste mundo e mercado tão concorridos. A criatividade nos faz sermos notados, independentemente daquilo que realizamos ou do papel que desempenhamos.

Certa vez, quando eu retornava de Atibaia pela estrada Fernão Dias, vi bem de longe uma área destacada em amarelo, e que não era muito grande, que chamou a minha atenção. A cor de destaque tornou-se um chamariz.

Até mudei de pista e reduzi a velocidade. Estacionei no acostamento. Sabe o que era aquilo? O toldo de um pequeno e ajeitado espaço, relativamente confortável, com banco de madeira e todo coberto, garantindo proteção ao sol, vento ou chuva; percebi, ainda, um pequeno bebedouro d'água e um jornal colocado no banco.

Quando olhei toda aquela "estrutura", lá estava o "dono" do pedaço, o diretor ou presidente da "empresa". Apesar do conforto do banco, ele se mantinha em pé, e acenava para cada caminhão que passava.

Estava, digamos, com sangue nos olhos para arrumar trabalho!

E qual não foi minha surpresa ainda maior quando percebi que ao lado do "ponto comercial" havia uma placa, com os seguintes dizeres: *"Chapa com guia"* – eram tempos em que o Waze e o Google Maps não existiam...

Para quem não sabe, *chapas* são aquelas pessoas que ficam à beira das estradas oferecendo seus serviços aos caminhoneiros, para ajudar a carregar e a descarregar cargas.

É um trabalho duro, árduo e de enorme desgaste. A remuneração é uma diária de, em média, R$ 100 reais, mais a refeição.

Bem, ali estava mais um chapa... Ele queria o mesmo que os outros: carregar e descarregar cargas.

Mas, convenhamos, embora quisesse o mesmo, aquele chapa tinha algo de diferente da concorrência: na época, ele oferecia muito mais ao "mercado".

Quem optasse pelos serviços dele, poderia tomar um copo d'água, dar uma rápida *passadela* de olho pelo jornal, contratar um chapa em melhores condições físicas, pois não estava exposto às situações climáticas, hidratado, e ainda chegaria ao destino com exatidão.

Claro, a placa já o destacava da concorrência: *"Chapa com guia"*. Bastaria a dúvida que ele abriria o livro de ruas e avenidas para esclarecê-la.

E você? Que tipo de diferencial tem apresentado ao mercado? Você é um daqueles que compõem a massa ou está entre os que fazem a diferença?

Portanto, que esse exemplo sirva de lição. Existem inúmeros chapas, assim como profissionais das mais variadas atividades, que simplesmente trabalham, mas que não se diferenciam.

Agora, resta-nos achar o nosso diferencial. Resta-nos achar o nosso "guia" para oferecer ao mercado...

ELEVAR O ASTRAL
E A ESTIMA...

Caras/os leitoras/es. Outro dia, saindo da escola da minha filha, presenciei uma mãe repreendendo seu filho, que devia ter uns 11 ou 12 anos, da seguinte forma:

– Desse jeito, você vai mal na prova, vai tirar nota baixa e vai repetir de ano! Seus amigos vão passar e você vai ficar no mesmo nível de classe!

A mãe, tendo lá suas razões para repreender o garoto, mostrava no rosto um ar de quem quer o bem do filho, de quem faz o alerta pensando no melhor para o garoto.

Mas... observei atentamente a expressão do filho daquela mãe preocupada. O jovem estava um trapo! Absorveu toda a previsão pessimista da mãe. Parecia já se sentir tendo sido reprovado de ano; parecia já se sentir um repetente.

Quem de nós não quer e busca o melhor para os nossos filhos? E qual de nós nunca descreveu um quadro "trágico", na tentativa de demonstrar aos nossos filhos a importância de ir bem nos estudos, de tirar boas notas, de passar de ano?

Mas a expressão de horror do jovem não me sai da mente. Aquilo me fez avaliar que, se, por um lado, descrever um quadro extremista para um filho pode ser uma estratégia para reverter a situação, por outro, aquilo pode efetivamente levá-lo a não ter forças para a reação e fazê-lo incorporar o "fracasso".

Há formas e formas de se expressar. Há formas e formas de assimilar críticas.

Alguns recebem e digerem as críticas de modo mais tranquilo e equilibrado. Fazem uma autoanálise da situação, avaliam onde têm errado, em quais pontos devem melhorar e alcançam depois de todo o processo resultados satisfatórios. Há ainda quem precisa ser "provocado" para ressurgir e dar uma resposta satisfatória.

Outros reagem contraditoriamente. Ao serem criticados, despencam ainda mais em seus desempenhos e, realmente, não conseguem atingir as metas, conforme antecipado naquele caso, pela mãe do aluno.

Estendi-me na apresentação dos fatos para alertar que devemos ter mais cuidado e muito critério na linguagem que utilizamos ao fazer uma crítica, mesmo que construtiva.

Dizer: "Você não estuda e vai repetir de ano na escola" tem o mesmo sentido de falar: "Filho, você pode fazer melhor do que isso. Esteja atento, estude, tire notas boas. Desta forma, você passará de ano e se manterá no mesmo grupo da sua turma. Eu acredito no seu potencial, você consegue!".

Claro, o sentido é o mesmo, mas as formas de dizer e receber a mensagem são diferentes!

Este mesmo exemplo da conversa entre aquela mãe e seu filho pode ser tranquilamente adaptado às empresas, ao mundo corporativo com seus líderes e liderados.

Um grande líder, antes de tecer críticas e elogios, deve conhecer profundamente o seu "time".

As relações pessoais não têm a dureza das leis, onde "O que vale para Pedro, vale para Antônio...". Pedro tem seu jeito de ser, pensar e agir; Antônio também! E ao líder fica a responsabilidade de entender cada estilo e personalidade, até mesmo de conhecer cada biografia, colocando-os de forma competitiva no mesmo time!

As linhas que delimitam a força e a fraqueza, o sucesso e o insucesso, o certo e o errado, a reação e o abatimento, a vitória e a derrota, são tênues.

A equivocação de uma palavra... de um suspiro... de um olhar... tudo pode fazer com que essa linha sensível seja ultrapassada.

Portanto, se você tem filhos, tome o exemplo daquela mãe e, antes de falar com a emoção, deixe que a razão comande as suas falas!

E se você é um líder de empresa, tome também como base a postura adotada por aquela mãe.

Assim como o lado materno e paterno, o líder não se deve deixar levar pela emoção, mas fazer com que a razão comande as suas falas!

VERDADEIROS MITOS

Heróis... Todos nós temos um ou alguns... Geralmente, eles são fortes, destemidos; resolvem tudo em um piscar de olhos...

Esses são os heróis fictícios, das histórias em quadrinhos. Na vida real, eles não existem. Heróis de verdade são aqueles que transformam as formas de ser, pensar e agir das pessoas; que provocam mudanças significativas, tornando-as mais preparadas para enfrentar desafios, para colocar em prática e ter sucesso com seus ideais.

Heróis são aqueles que deixam legado.

Portanto, todos nós temos missões e desafios a serem cumpridos que, de certa forma, nos criam responsabilidades, nos tornam heróis.

Sim, essa é uma tarefa árdua, um caminho difícil, mas possível de percorrer.

E para sabermos se estamos na trilha e conduta certas, nada melhor que fazermos a seguinte pergunta a quem nos acompanha tão de perto e por quem damos a vida:

– Meu filho, quem é seu verdadeiro herói?

Se a resposta for "o senhor, meu pai", sorria e evolua ainda mais na sua forma de conduta.

Mas, em qualquer outro tipo de resposta, repense imediatamente aquilo que você tem feito com a sua vida.

ATENDIMENTO: VALOR AGREGADO AO PRODUTO

Outro dia parei para pensar e avaliar o que compõe um produto de sucesso: matéria-prima, mão de obra especializada, máquinas avançadas para fabricação, tecnologia, inovação para dar continuidade no desenvolvimento do produto... e Atendimento!

Sim... Atendimento! Aquilo que é medido na forma como você, consumidor final, é tratado ao entrar na loja, antes de retirar o produto na gôndola, na hora de fazer o pedido, na hora de pagar no caixa, ao retirar o carro do estacionamento...

Dentro da minha trajetória com biografias empresariais, conheci empreendedores que faziam do atendimento ao cliente, direto e indireto, uma verdadeira obsessão. Exemplos? Vários: Affonso Brandão Hennel, da Semp Toshiba e agora também da Semp TCL; Alberto Saraiva, do Habib's; Vicencio Paludo, da Vipal; Samuel Klein, da rede varejista Casas Bahia, entre outros.

Claro que o tempo transforma certos DNAs com que as empresas foram criadas, mas me refiro a pontos que ajudaram a criar a base e também a solidificar as empresas.

Certamente, um bom atendimento ao cliente direto é fundamental, mas isso não basta. É preciso qualificar aquele que falará em nome da sua empresa, que irá oferecer o produto, que decididamente dirá a frase que a empresa precisa na hora de o comprador colocar o produto no carrinho e passar no caixa: "Pode comprar que eu garanto".

Isso aconteceu comigo recentemente. Fiz uma reforma no meu apartamento. Vivi duas situações extremas, em duas das principais lojas de materiais de construção.

Na primeira, fui comprar mais uma lata de uma tinta que eu já havia adquirido. Era para completar o restante da pintura. Levei então a etiqueta, com o número de referência, e o rapaz que me atendeu e que preparava a tinta disse: "Não temos essa base para o preparo. Está em falta". Recebi aquilo como uma "traição". Tinta é um produto tão básico. Eu dei prioridade àquela loja para adquirir a tinta... E quando preciso, ela falha comigo?

Bem... Mas o rapaz disse: "Pode levar em outra base que não dá problema". Se o especialista afirmou... Está resolvido. Nisso, o companheiro que estava ao lado, e que parecia mandar mais que o rapaz que me atendia, respondeu: "Nada disso. Vai dar problema, sim, se a base for trocada". Daí em diante os dois começaram a discutir, cada qual defendendo seu ponto de vista.

Que situação deprimente! Obviamente que fiquei assistindo de "camarote" até que a defesa da "tese" terminasse. Ao final, dei o veredicto: "Não vou levar a tinta e nem comprar mais nada nessa loja".

Em seguida, me dirigi a outra grande rede. Assim que pisei na loja, o vendedor colocou a mão no meu ombro e disse: "Bom dia! Percebo que precisa de ajuda. E eu estou aqui para ajudá-lo". E o rapaz me levou à área de venda de tintas e me deu uma aula sobre o tema. Depois das explicações, e de fazer várias perguntas sobre em que tipo de ambiente eu iria utilizar a tinta, ele disse: "Nesse caso, a tinta mais indicada é a *tal*. Pode levar que eu garanto".

Êta vendedor bom!!! Ele sabe o que quer na vida e sabe também o que eu quero e necessito para deixar a minha casa bonita. Nem preciso dizer que, depois do ocorrido, todas as vezes que precisei de material de construção eu me dirigi à mesma loja, ao mesmo vendedor.

Então, não pense que sua missão terminou ao colocar o produto na gôndola, na prateleira ou na loja do seu cliente. Se de um lado um ciclo foi cumprido, do outro nasce uma nova etapa, a de qualificar e treinar aqueles que, mesmo não trabalhando diretamente para você, falam em nome da sua empresa, do seu produto, da sua história...

Como é difícil construir uma história de sucesso... Como é fácil estragar uma história de sucesso...

A ARTE DE EMPREENDER

De uns anos para cá temos observado um movimento muito forte no Brasil que, digamos assim, antigamente não era muito desenvolvido. Estamos falando aqui do perfil empreendedor. Cada vez mais os brasileiros, principalmente jovens entre 18 e 24 anos, investem no seu próprio negócio. No entanto, há alguns anos isso era diferente, pois sempre se acreditou que para ser um excelente gestor e empresário era preciso ter uma boa quantia financeira para investir, sorte, bom network e nascer com alma empreendedora.

Pensar dessa forma pode ser um engano, conforme pesquisa realizada em 2017 pela Amway Global Entrepreneurship Report com 50 mil entrevistados em 48 países. Entre os brasileiros entrevistados, 82% desejavam empreender e 66% se consideravam aptos para o desafio. No resto do mundo, esses percentuais são bem menores: 56% e 46%, respectivamente. Entre os principais motivos que levam as pessoas a investirem no empreendedorismo estão: "ser meu próprio chefe", "realizar minhas ideias", "ter renda extra", "alcançar o equilíbrio profissional x pessoal"; e "alternativa ao desemprego".

Em outra pesquisa, da Global Entrepreneurship Monitor (GEM) 2010, a maioria dos brasileiros investe menos de R$ 10 mil para abrir o próprio negócio (58% dos entrevistados). Outros dados mostram ainda que 18% dos que participaram da pesquisa chegaram a investir até menos de R$ 2 mil para iniciar a atividade. Por sua vez, somente 18,9% investiram mais de R$ 30 mil.

Dessa forma, podemos afirmar que mesmo em um ambiente hostil, com a economia comprometida e a alta carga tributária, o brasileiro sonha em empreender.

Durante as milhares de horas nas quais estive frente a frente e conversando com grandes líderes empresariais do país, notei que as histórias eram sempre diferentes, mas os perfis de cada um dos entrevistados apresentavam semelhanças. E, claro, nem tudo são flores. Os obstáculos e dificuldades fazem parte do negócio.

Com Chieko Aoki, por exemplo, da rede hoteleira Blue Tree Hotels, não foi diferente. Descendente de japoneses, ela morou em um lar onde os homens representavam a força e o pai a liderança. Assim, Chieko cresceu e viveu aprendendo a servir. E foi exatamente nisso que ela investiu, tornando esse seu maior dom e uma importante marca da empresa que preside: servir aos hóspedes. Uniu o dom ao conhecimento e os transformou em oportunidade, até porque havia estudado no Japão, na Europa e nos Estados Unidos. O bordão da senhora Aoki? "Valorize as pessoas acima de tudo"!

Já o empresário João Doria Jr., fundador da Dória Associados e que se tornou prefeito de São Paulo, conta que era de classe média alta, mas em certo momento a família perdeu tudo. Aos 13 anos de idade ele teve que começar a trabalhar para ajudar no sustento da família. A mãe, empreendedora, montou uma pequena fábrica de cueiros no fundo de casa. Como João Doria tinha a "veia criativa" do pai para os negócios e para se relacionar bem, aprendeu com a mãe que a dedicação total àquilo que se faz é fundamental.

Observador, ele logo notou que os empresários, quando se encontravam, não se conheciam ou não tinham situações que permitissem encontros nos quais pudessem conversar e trocar experiências. Criou, então, uma forma de aproximar grandes empresários por meio de seus negócios, entre eles o LIDE (Grupo de Líderes Empresariais).

Por sua vez, o empresário Ueze Elias Zahran, presidente do Grupo Zahran, relata nas entrevistas que ele, de origem humilde, veio se aventurar em São Paulo. Assim que juntou o primeiro dinheiro, comprou para a mãe um fogão a gás. Ao presenteá-la, percebeu a alegria em seu rosto, e pensou: "Se minha mãe está tão feliz assim, outras também vão ficar". Nascia ali uma oportunidade empreendedora que Ueze Zahran aproveitou muito bem. Tornou-se multiempresário criando a engarrafadora Copagaz, uma rede de retransmissoras da TV Globo, Haras etc. Para ele, trabalhar é viver!

E, por último, gostaria de destacar mais uma mulher, a empresária Sônia Hess, presidente da Dudalina. Dona Lina, como a saudosa mãe e grande empreendedora é chamada carinhosamente, iniciou a confecção de camisas quando comprou uma quantidade muito grande de um determinado tipo de tecido. Como aquele material "encalhou", ela resolveu confeccionar camisas, obtendo um grande sucesso nas vendas. Certa vez, ainda criança, Sônia saiu com a mãe para vender camisas pelo comércio da cidade onde morava. Ela ainda tinha umas quatro ou cinco peças. Sônia, então, pediu à mãe para ir embora, mas ouviu: "Filha, enquanto não vender todas as peças, não podemos voltar para casa". Naquele dia, Sônia Hess aprendeu uma grande lição!

Por isso, acredite em você. Qualquer pessoa pode ser empreendedora e ter um negócio de sucesso. Não importa como foi o início, mas lembre-se de que, na maioria das vezes, as grandes empresas de hoje começaram dentro de uma sala pequena com uma "equipe" formada por duas ou três pessoas, muitas vezes composta pela própria família.

Então, tome esses gênios empreendedores como exemplo. Analise as oportunidades e transforme as derrotas e obstáculos em fontes para obter êxito no seu próprio negócio.

MÃES... MODELOS DE AMOR, GESTÃO E LIDERANÇA

Não que o tema seja bem uma tese, mas gosto de defendê-lo: decisões empresariais calcadas em exemplos maternos. A seguir exponho os motivos pelos quais gosto de defender essa minha, vamos dizer, opinião.

O que poucas pessoas imaginam quando se trata de questões empresariais e empreendedorismo é que boa parte das sequências adotadas pelos mais expoentes homens de negócios não são puramente decisões calcadas em suas experiências ou modelos de aprendizado acadêmico, mas, sim, de suas ilustrações de modelos maternos. E não pense que leu errado... É isso mesmo! Modelos maternos de empreendedorismo trazem arrojo, criatividade, capacidade de trabalho e busca pela excelência para se alcançar o sucesso.

Nesse tempo todo de minhas atividades como jornalista e biógrafo, pude perceber, através de entrevistas e da troca de experiências, o quão grande é a participação da mãe nos rumos adotados ou seguidos pelos grandes empreendedores. Afirmo que vem delas, mesmo quando constatado que eram donas de casa, a herança do espírito empreendedor. Avalio como se o objetivo final fosse fixado a partir de exemplos apresentados durante a vida pela figura materna.

Digo isso não como se esse fosse o único caminho a ser adotado para se chegar ao sucesso empresarial, de liderança administrativa, de tomada de decisões em situações adversas. Minha afirmação tem a ver com a constatação de informações passadas pelos filhos, hoje na relação dos principais empreendedores do Brasil, e onde os modelos foram aplicados com resultados positivos.

Assim, para se afirmar, como já fiz acima, que grande parte dos empreendedores tem em suas mães o modelo de arrojo, criatividade, capacidade de trabalho e busca pela excelência para alcançarem o sucesso, é preciso demonstrar através de exemplos. E não faltaram ou faltam exemplos!

Por isso, se você, caro leitor, me permitir, tomo a liberdade de apresentar alguns deles. Vamos lá:

Laurinda Simões – mãe do empresário Julio Simões, fundador do Grupo Julio Simões, atual JSL Logística, que atua em logística, transporte urbano e de cargas, limpeza pública, comércio de automóveis e caminhões, entre outros setores. Laurinda era uma mulher empreendedora, de grande força de trabalho. Para se ter uma ideia de como seu exemplo pode ter colaborado, em muito, na formação do administrador e empreendedor Julio Simões, basta saber que ela comandava a lavoura na casa dos Simões e conciliava todas as atividades de organização externa com os afazeres da casa.

Dona Alzira Semenzato – mãe de José Carlos Semenzato, que criou a empresa Microlins, uma das maiores empresas de ensino de informática e outros cursos, e depois a SMZTO Holding de Franquias. Dona Alzira fazia salgadinhos em casa para que José Carlos vendesse na cidade de Lins, no interior de São Paulo, para ajudar no sustento da família. O sonho dele era ser o melhor vendedor de coxinhas de Lins. Não apenas transformou-se no melhor vendedor de coxinhas, como a partir de sua determinação, seguindo a tradição materna, ampliou o negócio e partiu para iniciativas mais arrojadas e que culminaram na criação da Microlins e, depois, da SMZTO.

Marina Caruso – mãe dos cartunistas Paulo e Chico Caruso. Mulher de extrema criatividade e humor agradável, divertido. Não é preciso escrever aqui que essas qualidades estão presentes no trabalho dos irmãos, que souberam como utilizar esse modelo materno em suas carreiras, ampliando horizontes, conduzindo essas qualidades para seus trabalhos e seus negócios de forma clara e objetiva.

Sarah Fisk – mãe de Richard Hugh Fisk. A mulher era muito trabalhadora. Aceitou se separar do marido em 1934, o que, para a época, representava um enorme tabu. Montou uma pensão para ter recursos e conseguir desta forma gerar condições de seguir a vida e criar e dar estudos para os filhos. Foi assim que deixou o legado do trabalho, da honra de garantir o sustento aos filhos e enfrentar as dificuldades ou situações adversas ou contrárias com dedicação, perseverança e metas, modelos transferidos para os filhos e que Richard conseguiu ampliar em seus objetivos ou em sua empreitada quando decidiu implantar um sistema de ensino de línguas, que virou arquétipo de sucesso.

Sim, elas são a referência; elas são a base; elas deram, em muitos casos, o grande estímulo, seja através de suas decisões e atuação como mães ou como chefes de família, seja através de palavras simples, que quase todos nós, inclusive você, já ouvimos muitas vezes: "Vá em frente, filho! Você não tem nada a temer! Confie em você"!

No mundo empresarial, as decisões e os caminhos seguidos por grandes executivos podem ser conhecidos como *feeling*, "faro para o negócio", mas que, em minha pesquisa constante, pode ser considerada uma "grande inspiração" vinda de exemplos de figuras muito próximas.

São os verdadeiros alicerces que dão a sustentação e firmeza suficientes para os objetivos finais que devem ser alcançados em qualquer segmento e que se renovam a cada dia: metas, objetivos e a obtenção de resultados!

SEJA SEMPRE O MELHOR GARÇOM DA NOITE COM SEU CLIENTE

Nem sempre é muito fácil aceitar que a todo momento nosso cliente necessita de atenção e "mimos". Mas essa é uma realidade que devemos acreditar e colocar em prática o mais rápido possível. Pois se teve algo que aprendi ao longo dessa trajetória, ao escrever as biografias de pessoas vencedoras, foi que nenhuma deles deixou de dar destaque em seu plano de comunicação à mentalidade de servir ao cliente, característica essa que já os acompanhava desde o início de suas trajetórias profissionais.

Tal mentalidade fica evidenciada em um dos meus livros, *Nunca é tarde para realizar*, biografia do empresário Vicencio Paludo, fundador do Grupo Vipal. Na obra, conto que o senhor Paludo sempre ressaltou o respeito aos clientes à frente dos resultados financeiros do negócio. Desde então, quando ainda era ferreiro, em Entre Rios, na Serra Gaúcha, o empreendedor nato procurava oferecer aos seus consumidores algo além daquilo que eles haviam adquirido ou mesmo esperavam receber.

Assim foi no decorrer de toda a vida desse empresário, seja na época em que era proprietário de uma pequena oficina mecânica, de um posto de gasolina, ou quando, já com mais de 50 anos de idade, decidiu subir em um caminhão e rodar o Brasil do Sul ao Nordeste. Tudo em busca de uma boa oportunidade de negócio que o permitisse criar uma fábrica, algo que ele idealizava não ter fronteiras.

Ao se decidir pelo segmento de remendos e manchões, ou ainda recauchutagem, Vicencio Paludo desafiou todas as adversidades, que eram imensamente maiores diante das facilidades. Percorreu, então, por um caminho de entrega total aos acertos e ajustes técnicos, sempre tendo como objetivo maior a satisfação dos lojistas e consumidores finais dos seus produtos.

Foi um trajeto árduo, doloroso, custoso... Mas gratificante e realizador. O sucesso é, e sempre será, a consequência do trabalho, assim como o resultado financeiro! Fidelidade do consumidor então nem se fala! Ou será que alguém volta a comprar de uma empresa em que foi maltratado ou onde o produto não teve apreciação ou utilização satisfatória?

Dentro dessa forma de pensar, Vicencio Paludo sempre teve por hábito dizer aos colaboradores da fábrica: "Pessoal, sempre que estiverem embalando as mercadorias para os clientes, jamais deixem que falte nenhum produto ou quantidade. Na dúvida, melhor mandar a mais do que a menos".

Certamente, tal postura só é adotada por quem está seguro daquilo que faz; por quem respeita o consumidor a tal ponto que tem a certeza de que aquela relação não se acabará tão cedo.

E aquele ferreiro idealista dos anos 1940, mecânico dos anos 1950, dono de posto de combustível dos anos 1960, industrial de remendos e manchões dos anos 1970, se tornou no século XXI, por meio do Grupo Vipal, o mais importante conglomerado no segmento de consertos e de reformas de pneus do Brasil e um dos maiores do mundo... Mais que uma lição de empreendedorismo, Vicencio Paludo é uma lição de vida!

Além da trajetória exemplar desse empreendedor, outro grande exemplo é o que Samuel Klein, fundador da Casas Bahia, me contou certa vez enquanto eu fazia minhas anotações para a produção de sua biografia. Ele destacou que o péssimo profissional é do tipo seco, arrogante, que impõe o que quer e não é amigo de ninguém. Não se relaciona com o cliente, com o gerente e nem com os demais companheiros.

E uma tática muito simples implantada por ele nós mesmos vivenciamos ao entrarmos em uma das lojas da rede: depois de se apresentar ao cliente e circular com ele pela loja, Samuel sempre preparou seus funcionários para que jamais desprezassem um cliente pela aparência. E ele sempre se recorda de um senhor maltrapilho que, em 1970, ano em que os televisores coloridos começaram a chegar às lojas, puxou o dinheiro do bolso e comprou dois aparelhos de uma só vez, pagando à vista.

E ele reforça sempre um ditado antigo: "De um bom namoro, sai um bom casamento. Da boa conversa, sai um bom negócio". E todo esse sentimento ele procurava levar não só para o departamento de vendas, mas também para o de cobrança. O empresário destacava que ninguém atrasava pagamento porque queria. É preciso entender as razões do cliente quando, em determinadas situações, ocorre o atraso.

Samuel Klein sempre disseminou o pensamento de que é necessário negociar com o coração nas mãos e não com a espada. E para esse sentimento nunca ser desprezado, era comum Samuel implantar prêmios motivacionais entre as lojas e seus vendedores. Fato concreto disso é o que ocorreu ao estabelecer que cada uma das suas lojas que atingisse a cota de vendas estimada no mês receberia um carro zero. O veículo seria vendido e o valor dividido entre todos os funcionários da loja que alcançasse a meta.

Em razão disso, nesse período, a loja matriz, em São Caetano do Sul, recebeu um cliente que se dirigiu até o departamento de eletrodomésticos. O sujeito ficou ali sem que ninguém o atendesse e a poucos metros dele havia dois vendedores que conversavam sem notar a presença do cliente. Foi quando a faxineira percebeu a situação e não teve dúvidas. Dirigiu-se até os vendedores e com o cabo da vassoura cutucou um deles. "Ei, vocês dois que estão aí de conversa fiada... Vamos tratar de atender logo o cliente ali que neste mês quero que a nossa loja ganhe o carro".

Algumas pessoas que presenciaram aquilo caíram imediatamente na risada. Por isso, voltando ao título deste artigo, reforço que devemos ser, sempre, o melhor garçom da noite para nossos clientes. Afinal, ninguém volta a um restaurante no qual o garçom não nos recebeu e serviu com satisfação, alegria estampada no rosto e conhecimento sobre os pratos e bebidas do local, fazendo-nos sentir em casa, além de pessoas especiais com um atendimento personalizado.

Fidelidade envolve amor, sentimento por algo ou alguém. Por isso, faça seu cliente se sentir amado, para que ele possa também amar a sua empresa.

"OBRIGADO, E VOLTE SEMPRE!"

Ah... Como é bom ouvir essa frase depois que finalizamos uma compra... Talvez ela até tenha sido criada por um daqueles gênios do comércio do passado: Salim, Abrão, Isaac, Joaquim, Vicente, Tomyo... Sim, porque a miscigenação de povos é a grande marca da nossa cultura e do desenvolvimento brasileiro.

Por falar nisso, é inegável o crescimento, o aperfeiçoamento e a evolução tecnológica alcançados pelo comércio, agora fundamentado não só em lojas isoladas, mas sim em grandes e enormes redes de varejo e franquias.

Claro, com isso ganha a população, que compra melhor, recebe os produtos em casa, liga para o SAC (Serviço de Atendimento ao Cliente) se precisar de ajuda...

Mas, como sempre, tanta evolução deixa certas sequelas. Certamente, se elas existem, estão na relação empresa-cliente e no atendimento pós-venda. As lojas se preocupam em vender mais barato ou com juros menores, mas ainda pecam na qualidade do atendimento e no respeito ao consumidor.

Você não se cansa de viver situações desse tipo. Eu também! Tenho até vários exemplos, que costumo compartilhar nas palestras. Como aconteceu certa vez, em um restaurante de uma grande rede, quando a garçonete disse ao servir o café: "Cuidado ao tomar, caiu café no pires enquanto eu trazia...". Ora... Se caiu café, então por que ela não voltou à cozinha e trocou a bebida? Talvez, na visão da moça, ela até sinta que tenha feito um grande ato ao avisar que havia um "pequeno riacho" de café no pires...

Outra vez, ainda, no caixa de uma loja de uma grande rede de supermercados, avisei a moça que havia optado por não levar determinado produto, que era mantido em geladeira, e que então era preciso providenciar o retorno ao local refrigerado. Ela então emendou: "E o que eu tenho a ver com isso"? Respondi: "Realmente nada, desculpe. É que pensei que você estava aqui para auxiliar os clientes, para zelar pela sua empresa e não simplesmente para passar o código de barras dos produtos na máquina com leitor óptico...".

Aí vai mais uma: recentemente, desci no aeroporto de uma importante cidade do Nordeste e parei para tomar um café. Havia uma tentadora vitrine de bolos. Um cliente encostou no balcão e, fisgado pela tentação, perguntou à atendente: "Moça, do que é feito esse bolo"?

Como se não fosse obrigação dela saber a composição do doce, e com cara de poucos amigos, ela respondeu: "Não sei! Detesto doce"! O rapaz olhou espantado e pediu para experimentar o bolo. Ela arrancou uma colherada do bolo, deu ao rapaz e perguntou: "E então, presta"? Ora... o doce eu não sei se presta, mas a moça na profissão de vendedora certamente não presta!

Bem, eu poderia ficar aqui por horas retratando situações como essas, mas também teria grandes exemplos de como se deve tratar um cliente com a mesma alma com que faziam os Salins, Abrãos, Isaacs, Joaquins, Vicentes e Tomyos do passado.

Como sempre fez o Rei do Varejo, Samuel Klein, fundador da Casas Bahia e de quem tive o privilégio de escrever a biografia. Desde os tempos em que vendia frutas em sua banquinha na Polônia, vodca ou outros produtos na Alemanha, ele sempre colocou o respeito ao cliente à frente da venda. Com essa mesma "estratégia" e conduta ele venceu como mascate no Brasil e tornou-se o maior varejista do país. Implementou em suas lojas um sistema de atendimento que até hoje é a marca registrada da rede: recepcionar o cliente, levá-lo até o fundo da loja e fazê-lo se sentar, deixando-o confortável. Assim começa o ritual da venda do mestre Samuel Klein!

Outra fera do varejo que também biografei foi o empresário Mário Gazin, da Rede de Lojas Gazin. Em suas lojas, os clientes sempre foram tratados com total respeito e transparência, tornando-se, antes de tudo, amigos dos vendedores.

Então, como clientes, vamos sempre impor nossas necessidades e direitos, mas também cumprir nossos deveres. Assim, todos ficam satisfeitos. Assim, todos vão e voltam!

Agradeço o seu carinho e atenção. Foi um imenso prazer estar com você por alguns minutos e...

OBRIGADO, E VOLTE SEMPRE!!!

O DIFÍCIL ATO DE DECIDIR!

"Você precisa tomar uma decisão!" Ouvir isso causa arrepios, calafrios, dor de estômago, desconforto... e medo! Efetivamente, talvez esta seja uma das provas mais difíceis para se levar nota 10! Uma nota 10 com louvor então...

Novamente reforço que, na minha trajetória de biógrafo, convivo diariamente com o ato de decidir. Eu decido que pergunta fazer, que condução de entrevista seguir, que estilo e estrutura editorial adotar, onde cada pedaço da história vai entrar...

Posso também assegurar que um dos tais "segredos do sucesso" dos empreendedores com os quais eu tive o privilégio de conviver e de biografar é a segurança no hábito, no ato de decidir! E quanto mais esse ato se torna constante, mais seguros, proativos e assertivos eles ficam.

Aliás, faço aqui uma referência a uma das principais "indústrias" de heróis e vilãos: o futebol! E essa inversão de conceitos acontece, certamente, atrás dos resultados das decisões de cada um.

Lembro-me que quando eu ainda era repórter esportivo, no início dos anos 2000, o técnico Luís Felipe Scolari, acostumado a dirigir equipes de futebol que disputavam dois ou três campeonatos simultâneos dentro e fora do Brasil, assumiu a seleção brasileira que disputaria a Copa de 2002.

Ele confidenciou-me: "O que mais me incomoda em ser técnico da seleção é deixar de praticar diariamente o ato de decidir. Como técnico de clube de futebol, eu convivo com o meu grupo e treinamos diariamente. Além disso, jogamos pelo menos duas vezes por semana. Isso significa que sempre há uma decisão a tomar. Agora, como técnico de seleção, eu convoco, me reúno com o grupo e jogamos uma vez a cada um, dois ou três meses e, na maior parte do tempo, ao invés de decidir, eu observo".

E lembrem-se: através das decisões que tomou na carreira, o "herói" e campeão mundial de 2002, "Felipão", transformou-se na Copa de 2014 em "Felipinho", o "vilão" e, para muitos, o responsável direto pela derrota para a Alemanha por 7 a 1.

Sim... decidir é como um exercício! Quanto mais se pratica, melhor e mais preciso se fica. E não devemos ter medo de decidir! Pense comigo: você é um profissional competente, com base teórica e com experiência e vivência na carreira. Então, por que temer decidir?

A decisão leva a dois caminhos: os de acertar ou errar. O acerto lhe trará os "louros" da vitória. O erro poderá ser fatal! Mas quando acontece o erro, aí cabe outra decisão importante: o que fazer? Persistir ou recuar? Persistir, recuar ou enxergar a oportunidade criada através do erro?

Sim... mesmo que isso seja exceção à regra, erros podem se tornar grandes oportunidades! Vou aqui dar um saboroso exemplo. Você conhece aquela torta de maçã, tão tradicional na culinária francesa e que conquistou o mundo? Chama-se *Tarte Tartin*, também conhecida por "torta invertida".

Esse é um dos mais famosos "erros de sucesso" na história da culinária mundial, provocado pela talentosa e desatenta cozinheira Stéphanie Tartin. Com a irmã Caroline, exímia administradora, Stéphanie havia herdado um hotel e restaurante. Bastante tagarela, Stéphanie distraía-se facilmente. Certa vez, por descuido, ela colocou a assadeira com as maçãs e o açúcar no forno e, ao retirá-las, viu que estavam caramelizadas, mas sem a massa, que a moça esquecera de colocar. Na tentativa de "salvar" o recheio, ela cobriu com massa e retornou a "suposta" sobremesa ao forno.

Quem, em sã consciência, faria isso? Stéphanie Tartin! Minutos depois, a torta pronta foi servida aos clientes. Quem comeu, aprovou, voltou, pediu mais e espalhou a notícia... Desse "erro" culinário nasceu uma das sobremesas mais apreciadas no mundo!

Portanto, as decisões fazem parte das nossas vidas. São quase que uma necessidade fisiológica. Decidimos sobre tudo: que hora acordar, que rotina seguir, que caminho percorrer, que carreira trilhar, que curso fazer, que emprego aceitar, quem demitir ou contratar, quanto investir, com quem namorar e casar, que filme assistir... Ufa, ficaria aqui por horas ou dias apresentando situações onde nosso poder de decisão é fundamental!

O único alerta é: *Decida com segurança!* Coloque no seu poder de decisão todos os ingredientes, como conhecimento, feeling, pesquisa, análise, entre outros, que você acumulou na sua vida.

Mas tenha em mente algo muito importante: trajetórias de fracasso são construídas por pessoas que erram muito mais do que acertam em suas decisões; trajetórias de sucesso são construídas por pessoas que acertam muito mais do que erram em suas decisões!

Decida, então, em qual time você quer jogar!!!

O QUE OS LÍDERES TÊM EM COMUM?

A busca para atingir um patamar de liderança nas organizações tem despertado um constante aprimoramento profissional e a capacidade de mobilizar e convergir a todos em prol de um único objetivo.

Alcançar essa posição demanda anos de acúmulo de experiências e conhecimentos, mas, com certeza, tem feito com que muitos profissionais, em especial as gerações mais jovens, tenham uma visão mais prolongada de carreira.

Ou seja, a oportunidade de oferecer cargos de liderança tem sido um dos motivadores para que os jovens permaneçam por mais tempo na companhia e repensem na possibilidade de construir carreira em uma empresa. Fato este não muito comum hoje em dia, já que as gerações identificadas por letras e nomes derivados do inglês são tão inquietantes, almejam novos desafios diários, melhores salários e chegam a acreditar que permanecer por muito tempo na mesma organização pode torná-los profissionais estagnados diante do mercado.

Mas, afinal, o que é preciso para liderar? Que características os executivos devem ter para ser comparados aos grandes líderes? Antes de tudo é preciso que os executivos não se iludam muito, mas lembrem-se sempre de manter a perseverança como diretriz de seu caminho. Mesmo porque não se pode contar com a vitória todos os dias, a derrota também é um aprendizado, principalmente no começo da carreira. E, acima de tudo, deixe a ousadia falar mais alto, ande de mãos dadas com a humildade e seja humanista; esta última característica tem influência direta na gestão de pessoas.

Quanto à ousadia, permite deixar fluir ideias originais e projetos inovadores que causem impacto e sejam um portfólio de suas peculiaridades, tanto na vida pessoal quanto na profissional. Já a humildade permite ter uma equipe capaz de brigar e defender seus ideais, justamente porque esta acredita no papel do líder que a conduz e reconhece sua capacidade, seu conhecimento e valor moral. Para isso, mostre aos liderados que as dificuldades devem ser enfrentadas e transformadas em oportunidades.

Bem, antes de apresentar mais características que os líderes têm em comum, preciso revelar os dois grandes mestres empresariais que me deixaram o legado citado acima. São eles Affonso Brandão Hennel, fundador da Semp Toshiba e da Semp TCL, e que aos 84 anos reassumiu o comando e a presidência da empresa, e Samuel Klein, fundador da Casas Bahia. Estes são dois nomes que construíram um império no país com base em tais princípios. Durante horas de conversas com ambos, eu, enquanto biógrafo desses grandes líderes, percebi de maneira muito clara que não se deve ter o dinheiro como objetivo do negócio ou do crescimento da empresa, mas, sim, como resultado. Outra ação contínua que faz com que os líderes ganhem a confiança dos liderados é o constante feedback. Para isso, tenha também um feeling apurado e aposte nas suas convicções. E mais uma vez, insisto, seja humano enquanto gestor!

Um grande exemplo é o doutor Affonso Brandão Hennel, como já dito, fundador da Semp Toshiba. Depois de uma minuciosa análise, ele entendeu que conseguia fazer com que colaboradores colocassem em prática aquilo que pretendia. Mas certo dia ele fez uma pergunta a si próprio: "Os que vêm à minha sala, será que saem mais felizes do que entram?". Naquela altura de sua vida, entre os anos 1970 e 1980, ele entendeu que não. Foi então que o doutor Affonso passou a dedicar-se a conhecer melhor o ser humano: suas necessidades e fraquezas; suas ambições e limitações. E com isso almejou sempre fazer com que as pessoas saíssem da sala dele melhores e mais felizes do que entravam. Ou seja, retribuiu a lealdade e o compromisso que cada colaborador tinha com ele e a empresa para a qual trabalhavam.

Com Samuel Klein conferi algo que vai além da humanidade em uma gestão de pessoas e que ultrapassa os muros corporativos. Ouvi inúmeros depoimentos de pessoas que o acompanharam solicitando a alguns funcionários das lojas que quitassem carnês de clientes que não podiam pagar as prestações, fossem por dificuldade financeira ou mesmo que haviam sido vítimas de uma fatalidade, como uma senhora que teve a casa queimada. Além de ele liquidar as prestações que faltavam com dinheiro do próprio bolso, enviava à casa daquele cliente eletrodomésticos novos para que recomeçasse a vida. Ele fez o certo? Mais do que isso: ele fez o que o coração dele mandou!

Acima de tudo aprendi com eles que nunca se atrasa os salários. O dinheiro do colaborador é sagrado. E Samuel Klein ia ainda mais além. Ele determinava que em datas comemorativas, como Dia dos Pais, das Mães, dos Namorados, das Crianças, entre outros, todos os colaboradores – do mais simples ao mais alto cargo – recebessem um valor que permitisse a compra de um presente para o pai, mãe, namorado(a), filho(a)... Afinal, ele sabia que o atendimento às necessidades básicas, como assistência médica, ensino, casa própria, alimentação etc., é um direito de todos os cidadãos, e investia nisso. E atrás de um bom profissional existe antes de tudo um ser humano, uma vida em jogo que necessita ser valorizada para trazer "bons frutos" à companhia. Respeitar isso é uma demonstração do reconhecimento que a empresa tem por toda a dedicação daquele colaborador. E, além de reter talentos, estimula o crescimento profissional e valoriza os membros de uma equipe.

Portanto, para conduzir grandes projetos, o segredo é ousar, de modo a mobilizar e encantar toda uma equipe, ter humildade e humanidade para recuar e orientar quando necessário, a fim de se obter o sucesso e progresso contínuo dos negócios. Com isso, todos crescem. Se os liderados crescem, o líder e a empresa também crescerão.

MELHOR OU MENOS PIOR???

Recentemente, estive com um amigo empresário, que me disse: "O produto do meu concorrente é bem pior que o meu". Claro, as palavras buscavam mostrar que havia uma disparidade qualitativa entre os dois fabricantes. Mas aquilo ficou na minha mente...

Fui para casa remoendo a frase "O produto do meu concorrente é bem pior que o meu". Em um primeiro momento, aquilo me deixou a imagem de que meu amigo havia sido extremamente depreciativo com a outra empresa produtora. Imaginei-o dizendo isso na frente do seu cliente.

Aí realmente consegui desfazer o nó que travara meu pensamento. Ora, se o concorrente é bem pior que você, significa que temos o *ruim e o mais ruim; o pior e o mais pior...* Na verdade, antes de depreciar o concorrente, meu amigo acabou por depreciar a si próprio.

Percebi ali então a importância de medir, dosar e encontrar as palavras certas e que possam nos valorizar quando queremos vender nossos produtos e serviços, nossas qualidades e capacitações.

Leia novamente a frase: "O produto do meu concorrente é bem pior que o meu". Agora, vou escrever de outra forma: *"O meu produto é bem superior ao do concorrente"*.

É aí que está o segredo para vencer a concorrência e deixar uma boa impressão. Devemos sempre ter a preocupação de valorizar e de enaltecer o fruto do nosso trabalho, esforço, dedicação, criatividade e produção antes de mostrar que nos diferenciamos dentre aqueles que estão nivelados, como se costuma dizer, "por baixo". Assim, ao invés de prepotentes, seremos autoconfiantes.

Claro que isso tem muito a ver com estima, com alta e baixa estima. No futebol é comum dizer que tal equipe perdeu o título. Na verdade, o vice-campeão perdeu o título ou conquistou o segundo lugar???

Imagine agora o presidente da agremiação que terminou em segundo lugar durante a negociação da renovação de patrocínio da equipe. Será que ele valorizará mais a camisa dizendo que perdeu o título ou que conquistou o segundo lugar? Obviamente, a segunda opção é a melhor escolha. Quem perde a final, sai de um confronto entre duas equipes; já quem conquista o segundo lugar, deixou um grande número de concorrentes para trás; o campeão e o vice-campeão são os dois melhores times da competição!

Portanto, guarde bem essa informação e utilize-a nos momentos em que for vender um produto ou apresentar-se a uma boa oportunidade de mercado.

Como exercício final, eu deixo uma pergunta a ser respondida: Como você venderia o patrício de um clube que, naquele mesmo campeonato, terminou em último lugar?

Reflita e encontre um caminho, mesmo que difícil, de poder valorizá-lo. Eu, por exemplo, diria o seguinte: "Certamente, na próxima temporada este time brigará por posições muito melhores. Afinal, foi a equipe que mais aprendeu com os próprios erros...".

DE ONDE VEM A NOSSA LUZ...

Brilhar... Todos querem... Nem todos conseguem... Mas de onde vem a luz que provoca o nosso brilho? Claro, pois sem raios de luz, uma estrela se apaga.

Certamente, essa luz vem de dentro de nós mesmos e dos objetivos que criamos para as nossas vidas. Mas para que ela se acenda, é preciso "ligar o interruptor". Ter a iniciativa de mudar a posição do botão. Definir em que intensidade você quer que sua estrela brilhe.

Mas há um fator importantíssimo: nossa estrela não é brilhante, mas sim está brilhante. Ou seja, se pararmos de projetar luz sobre ela, irá se apagar.

Sim, somos frutos dos nossos sonhos e das nossas atitudes. Quanto maior e mais grandioso é o sonho, proporcionalmente, maior e mais grandiosa terá que ser a nossa atitude, o nosso empenho para realizá-lo.

Como exemplo: se projetarmos a compra de um carro de R$ 10 mil, teremos que nos movimentar no sentido de juntar ou de levantar um empréstimo proporcional ao valor. Já se for um carro de R$ 30 mil, irá demandar mais esforço da nossa parte. Para um carro de R$ 60 mil, nossa atitude terá que ser ainda mais efetiva... E assim por diante...

Com nosso brilho também é assim, embora tenhamos que levar em consideração um aspecto de vital importância: é impossível que uma estrela brilhe sozinha. Para que você brilhe, deve haver uma convergência de interesses entre você e outras pessoas; entre você e seus familiares; entre você e seus companheiros de equipe profissional.

O primeiro ponto é que todos queiram brilhar. Que todos idealizem o melhor para a empresa e para as próprias vidas. Obviamente, os interesses e ambições variam de pessoa para pessoa, de profissional para profissional.

Mas desde que todos queiram brilhar, mesmo que em intensidades diferentes, haverá luz de sobra para saciar os desejos de cada um.

Aos líderes, mais luz; aos que se destacam nos resultados, uma grande quantidade de luz, embora em menor escala; aos coadjuvantes, uma luz suficiente para que eles possam aparecer na hora em que olhamos para o céu e enxergamos uma constelação de estrelas...

QUE VENHAM AS BIOGRAFIAS EMOCIONANTES E BEM ESCRITAS

Biografia! Considero que este seja o maior patrimônio que um ser humano possa acumular e conquistar na vida! Afirmo isso com amplo material de constatação e conhecimento de causa.

Conheci e biografei pessoas incríveis, empreendedoras/es de enorme sucesso, e cujas empresas contribuem fortemente para a construção e elevação do PIB brasileiro. Mas, na realidade, o negócio em si, ou mesmo o dinheiro por elas acumulado, não representa suas maiores riquezas. O verdadeiro patrimônio delas está registrado por suas biografias, por suas histórias de vida!

Olhar o momento do "hoje" da vida de alguém não é suficiente para poder medir as situações vividas pela pessoa. Um grande exemplo entre os meus biografados é o do empresário Samuel Klein, fundador da Casas Bahia. Que a empresa dele passou das 600 lojas, chegou a empregar mais de 60.000 colaboradores e uniu-se ao Grupo Pão de Açúcar, e depois ao Casino, numa operação bilionária, todos nós sabemos.

Mas de onde veio esse judeu-polonês? Como ele descobriu sua vocação para o comércio? Pronto! Chegamos ao grande patrimônio de Samuel Klein! O nascimento se deu na Polônia, em 15 de novembro de 1923. Portanto, em 1939, quando estourou a Segunda Guerra Mundial, ele era um jovem de 15 para 16 anos, forte, produtivo e que logo foi encaminhado pelos homens de Adolf Hitler para os campos de concentração e de trabalho pesado.

Bem... nem todos na família dele tiveram a mesma "sorte"! Parte dela, sem grande força produtiva, como a mãe e os irmãos menores, foi diretamente para o campo de extermínio. Entre dor física, moral e lágrimas, Samuel Klein sobreviveu ao Holocausto. Certa vez, perguntei a ele:

– Por que o senhor ainda queria viver em meio a tanta desgraça e sofrimento?

E a resposta me fez repensar sobre tudo que eu havia passado ou que ainda iria ter pela frente:

– Porque eu acreditava que o amanhã seria melhor!

Ora... Se um prisioneiro da Segunda Guerra Mundial consegue pensar assim, nós, então, temos a obrigação de acreditar nisso todos os dias!

Bem, mas trago esse exemplo da biografia do empresário Samuel Klein, uma biografia autorizada, para entrar na polêmica desencadeada tempos atrás pelo grupo Procure Saber e cuja "chama" foi apagada pelo tempo. Mas vale usar o caso para debater sobre o tema. Acredito que as pessoas que o compõem tenham mirado num "alvo", mas acertado em outro.

Criticar, jogar pedras, ofender, chamá-los de censores, de nada adianta. Não é esse o caminho. Aliás, qual é o caminho? Acredito que nem mesmo os integrantes do Procure Saber tenham a real noção, justamente pelas declarações controversas.

De que adianta escrever uma biografia não autorizada sem que o conteúdo seja fidedigno? De que adianta escrever uma biografia autorizada sem que o conteúdo seja fidedigno? De que adianta escrever uma biografia não autorizada sem que o livro tenha sabor na leitura? De que adianta escrever uma biografia autorizada sem que o livro tenha sabor na leitura? De que adianta escrever uma biografia não autorizada sem que o livro transforme e deixe legados para os leitores? De que adianta escrever uma biografia autorizada sem que o livro transforme e deixe legados para os leitores?

Perceberam? São muitos "*de quês*"... Então, acima da discussão de uma biografia ser ou não autorizada está a importância de ela ser bem escrita, deixar legados, ser verdadeira. E, para isso, não importa se a biografia tem ou não uma autorização.

Entre os meus 23 livros, a maioria deles é de biografias autorizadas. Biografei pessoas que com seus atos, conquistas e palavras transformaram vidas, geraram riquezas, formaram pessoas... Ajudaram a construir o Brasil!

Sabe por que eu me especializei em biografias autorizadas? Porque, particularmente, acredito que só quem a viveu é que poderá contar em detalhes e sentimentos a verdadeira emoção de uma história, com lágrimas, gargalhadas, urros de vibração e murros na mesa de arrependimento. Chapa branca? Nada disso! São histórias que mudam vidas e motivam e inspiram pessoas.

Sabe como se constrói uma biografia? São centenas e centenas de horas de entrevistas e pesquisas. No caso das biografias não autorizadas, quando o biografado é falecido ou não participa do processo de entrevistas, essas horas são preenchidas por quem não viveu, mas acompanhou a história.

Em contrapartida, nas autorizadas, uma boa parte das entrevistas é feita com o próprio biografado, mas também, particularmente, ouço ainda centenas de pessoas, que trazem seus detalhes e olhares diferentes para o livro.

Sou a favor das biografias, independentemente do estilo! O STF (Supremo Tribunal Federal) também, tanto que em 10 de junho de 2015 liberou por nove votos a zero a publicação de biografias não autorizadas. Por tudo isso, reitero que o menos importante é saber se a biografia é ou não autorizada! Que as biografias, autorizadas ou não, sejam lançadas no mercado. As ruins serão alvos de críticas e processos judiciais. As boas serão elogiadas e reverenciadas. Sobrevivem os fortes e mais bem preparados!

É assim que se comporta dentro da democracia. Inclusive, muitos que dizem ter ajudado a construí-la tiveram suas biografias manchadas por uso "democrático" indevido. Não precisamos citar nomes; basta ler as notícias diárias, principalmente o caderno de política!

Por isso, o biógrafo profissional é responsável, fiel à verdade. Eu me incluo nesse grupo que de forma verdadeira conta e narra uma história; nosso papel não é o de "estragar" ou "melhorar" uma biografia, seja ela autorizada ou não, tendo "segundas intenções". Nós, que nos especializamos na carreira de biógrafos, apuramos, pesquisamos, investigamos, entrevistamos e relatamos sem omitir fatos verídicos, mesmo tendo cada qual seu modo e estilo de escrever.

Ah... Eu disse que não quero provocar, mas aqui cabe, digamos, um pequeno recado ao grupo Procure Saber.

Todos nós temos as nossas próprias biografias. Vocês, gênios da música, souberam vivê-las. E nós, biógrafos, sabemos contá-las!

A IDADE E O MEDO

Tenho acompanhado atentamente minhas duas filhas, Camille e Nicole, com 14 e 17 anos, respectivamente, nos últimos anos. Elas brincam, criam, inventam, gargalham, se unem, enfrentam, estudam... e brigam como todas as irmãs. Como é maravilhoso acompanhar o arrojo e a falta de medo em suas ações. Sim, muitas vezes a ausência do medo se dá justamente porque elas desconhecem o perigo, embora sempre haja um adulto "chato" para dizer "não".

Eu era assim, destemido. Você e milhões de pessoas também. Por que isso acontece? Por que hoje somos incapazes de tomar decisões, de iniciar negócios e relacionamentos, de trocar de carreira e empresa, de investir sem colocar o medo nos componentes que nos motivaram a ter tal iniciativa? Por que ficamos tão temerosos do fracasso, do insucesso? Atualmente, a Nicole, na adolescência, já dá fortes sinais de que o medo atrapalha.

Isso me faz lembrar uma das sempre enriquecedoras conversas que tive com o maravilhoso Dr. Ozires Silva, ex-presidente e cofundador da Embraer, ex-ministro da Infraestrutura e das Comunicações e um empreendedor incansável. Ele me contava sobre as dúvidas e perguntas que passou a se fazer sobre a construção do mundo; sobre a terra, os animais, a água, as plantas, e sobre uma porção de acontecimentos naturais que só conseguimos explicar entregando a Deus suas criações.

Pelo elevado e aprofundado grau de conhecimentos genéricos e específicos do Dr. Ozires Silva, algumas "coincidências" ou componentes químicos ajudavam a explicar certas existências, mas jamais seu aparecimento. Perguntou-me ele em certo momento da conversa: "Por que será que o homem é o único dos animais que consegue dominar o fogo?".

Pois o fogo é um excelente exemplo a ser usado nessa relação que busco traçar do medo *versus* conhecimento. Para isso, comparemos como uma criança, que desconhece o perigo que o fogo mal manuseado pode provocar, lida com ele. Certamente, de um jeito muito diferente daquele que nós, adultos, fazemos. Dentro da nossa capacidade de conhecimento, sempre estamos temerosos de provocar queimaduras e incêndios.

Bem, mas com isso deixo um ponto de reflexão para análises futuras e que, quando coloco para o público nas minhas palestras, arranca suspiros da plateia. Acredito que ambos precisam de ajustes. A criança, por ser totalmente destemida, pela falta de informação; o adulto, por ser tão medroso, pelo excesso de conhecimento e pelo poder de análise. O que sobre a um falta ao outro.

Então, nestas situações colocadas, acredito que a criança leva vantagem sobre os adultos. Espero sinceramente que as crianças continuem a ser arrojadas e destemidas, deixando aos adultos a missão de alertar sobre os sinais amarelo e vermelho.

Já em relação aos adultos, a mudança deve ser significativa. Que a palavra medo seja excluída do vocabulário, do dicionário. Até porque, se um adulto já sente medo naturalmente, ao consultar outro adulto, muito provavelmente esse medo será potencializado: "Não faça isso que você quebra a cara!"; "Não monte empresa que você vai falir!"; "Não largue seu emprego e carreira para investir em outra área que você irá se dar mal!"...

Esta última, eu cansei de ouvir quando abandonei a área comercial e a carreira no Grupo Votorantim para iniciar no jornalismo aos 25 anos de idade. Sim, provavelmente a criança que havia dentro de mim falou mais alto. Ela dirigiu meus passos e descartou qualquer possibilidade de ter medo com a reviravolta que eu provocava em minha vida. Deu-me a força para sair da "zona de conforto" em que eu me coloquei depois de sete anos na área comercial e na construção de uma carreira executiva no Grupo Votorantim; deu-me a coragem que me levou à "aventura" – como os adultos gostam de chamar as mudanças – de iniciar no jornalismo.

Pois a vida seguiu e eu encontrei, primeiro como repórter esportivo e depois na carreira de biógrafo, a verdadeira felicidade e realização profissional; nela concilio tudo que aprendi no mundo corporativo com os conhecimentos adquiridos no jornalismo; nela encontrei aquilo que amo e que me deixa feliz e realizado; nela descobri uma atividade que me faz todos os dias pular da cama e dizer: "Quero viver esse dia intensamente". Nela descobri que eu não escrevo com as mãos, e sim com o coração!

Nela descobri que o medo poderia ser um excelente tema para escrever um texto...

VENÇA NUM MERCADO QUE CAMINHA COM VOCÊ, SEM VOCÊ OU APESAR DE VOCÊ

Recebi do meu amigo Cláudio Tomanini, um dos maiores palestrantes e especialistas em vendas do Brasil, o livro que ele lançou, *Na trilha do sucesso*. Além do título, a frase estampada na capa me levou a fazer grandes reflexões, além de me estimular ao início rápido da leitura: *Vença num mercado que caminha com você, sem você ou apesar de você*.

A frase é brilhante! Sim, o mundo não para; a economia não para; a indústria não para; o comércio não para; a vida não para... Ninguém para; nada para!!!

A riqueza da mensagem é muito extensa e serve para grandes e importantes meditações:

1) O mercado caminha *com você*, que é dedicado; que busca aprimorar sempre os conhecimentos; que faz *networking*; que busca graduar-se, especializar-se e titular-se na carreira; que aproveita as oportunidades que a vida e o mercado oferecem... Com você, profissional gabaritado e de destaque naquilo que faz, e que é uma exceção dentro da regra.

2) O mercado caminha *sem você*, que em quase nada contribui para isso, que parou no tempo; que prefere não se relacionar; que não se graduou ou muito menos faz cursos para aprimorar ou reciclar os conceitos; que prefere garantir o que conquistou ao invés de aceitar e enfrentar mudanças... Com você, que garante o emprego

simplesmente para ter seu salário no final do mês; com você que faz parte da regra e que está muito longe de ser uma exceção.

3) O mercado caminha *apesar de você*, que não se desenvolve e que desestimula as pessoas a buscarem o crescimento; que desacorçoa aqueles que querem se relacionar com outras pessoas ou com concorrentes, dizendo que isso é uma grande bobagem; que acha que só o conhecimento prático adquirido já basta; que é individualista, e busca apenas o próprio bem-estar, sem se preocupar com as necessidades alheias... Com você, que critica quem é regra e principalmente quem é exceção.

Bem... Quem está no primeiro grupo forma aquilo que chamamos de profissionais de sucesso; já no segundo grupo estão aqueles que, depois de uma vida inteira cumprindo a rotina, se perguntam: "Será que valeu a pena"?; já no terceiro grupo estão as pessoas que nasceram para justificar a existência da palavra fracasso!

Então, decida aquilo que você quer para a sua vida, tendo a certeza de que o resultado será justamente fruto da sua escolha!

CAMINHAMOS PARA O FIM DO QUEBRA-GALHO

Podemos afirmar: culturalmente, temos por hábito recorrer aos parentes e amigos nas horas de dificuldades, principalmente para aliviar o custo. Quebrou a TV? Tem um primo que é dono de uma assistência técnica e conserta. O carro não anda muito bem? Tem um vizinho que possui oficina e pode dar um jeito... Deu problema no dente? Ah, o cunhado do amigo é dentista... Quebrou o armário? Tem um tio que possui marcenaria. Tudo é resolvido no jeitinho na base do quebra-galho... do jeitinho meia-boca...

Mas ainda bem que essa forma de pensar ficou no passado. Talvez essa mudança de comportamento tenha vindo com a maturidade que atingimos na última década e meia.

Muitas vezes, ouço de algum amigo que, por exemplo, tem restaurante: "Vai lá almoçar. Você é meu convidado". Costumo então responder: "Justamente por ser seu amigo é que eu vou com o maior prazer, mas desde que eu possa pagar a conta".

Isso, no meu ponto de vista, é não confundir amizade com profissionalismo. Imagine que eu fosse almoçar como convidado no restaurante, e que a comida chegasse fria. Ora, teria eu a cara de pau de reclamar com o *maître* ou com o meu amigo? E se eu deixasse de reclamar, eu não estaria fazendo um bem e sim um mal para ele, para o negócio dele.

Portanto, digamos sempre *não* ao jeitinho, a uma vantagem. Não há nenhuma prova maior de amizade que a relação profissional; que escolher a empresa de um amigo para lhe prestar serviço.

Mas deixe sempre claro a ele que na loja, restaurante ou fábrica dele você é um cliente. E como tal, deve ser tratado e ter os direitos e deveres de consumidor. Você deve ser valorizado como cliente e ele como fornecedor ou prestador de serviços.

Acreditem, essa é a melhor forma de manter as amizades; de não transformar um amigo em desafeto.

NOSSO MAIOR DIFERENCIAL

Criatividade!!! Confesso que avalio ser este o maior e principal diferencial entre as pessoas. E nós, brasileiros, transbordamos em criatividade. Fazemos graça, criamos oportunidade e produzimos descontração em tudo. Quer um exemplo? Veja este e-mail que recebei:

> "Um estudo recente conduzido pela Universidade Federal de São Paulo (USP) mostrou que cada brasileiro caminha em média 1.440 km ao ano.
> Outro estudo feito pela Associação Médica Brasileira (AMB) mostrou que o brasileiro consome, em média, 86 litros de cerveja ao ano.
> A conclusão é animadora: o brasileiro faz 16,7 km por litro."

Ora... rsrsrs. Temos ou não uma criatividade exacerbada? Claro que sim!!!

No passado, minha família trabalhava com comércio. Tínhamos loja na rua 25 de Março, no centro de São Paulo, área que sempre foi conhecida como região atacadista de comerciantes de descendência árabe.

Eu me divertia – e aprendia muito – ao ouvir as histórias que me eram saborosamente contadas, todas muito criativas. Numa delas, fiquei sabendo que, quando havia inundação na região, a família molhava as peças e colocava em bancas, onde estava escrito: SALDO DA ENCHENTE!!! – a loja nunca era afetada pela inundação e o preço das peças vendidas no "SALDO DA ENCHENTE!!!" não tinha nenhum centavo de desconto...

Outros exemplos da criatividade do brasileiro: a forma como superamos as crises; a velocidade com que transformamos um negócio em algo promissor; os caminhos que encontramos para resolver problemas; o jeito como conquistamos clientes e fazemos amigos...

Dentro ainda daquilo que muitos chamam de receita do sucesso, afirmo também que a criatividade está em todas elas, e em doses destacadas.

Esse é um dos pontos que pude constatar nas biografias que escrevi, como as dos empresários Mário Gazin (Gazin Holding), Celso Ricardo de Moraes (Kopenhagen, Lindt e Chocolates Brasil Cacau), Julio Simões (JSL Logística), Vicencio Paludo (Vipal Holding), Armindo Dias (Grupo Arcel), Oscar Schmidt, Affonso Brandão Hennel, Samuel Klein e Mr. Fisk, entre outras.

É isso que constato em cada uma das conversas nos mais diversos locais que frequento. É isso que constato quando paro o carro nos faróis vermelhos. É isso que constato quando, vez por outra, consigo ir à feira, onde as frases ditas pelos profissionais das barracas são as mais divertidas e criativas possíveis, e dificilmente deixam de arrancar um sorriso e de provocar uma boa venda:

Moça bonita não paga... Mas também não leva...

SE A EMPRESA FOSSE MINHA...

Outro dia almocei com dois amigos empresários. Entre os vários assuntos que discutíamos, abordando temas pessoais e profissionais, um deles comentou o quanto é incômodo perceber como alguns colaboradores são relapsos com o dinheiro da empresa. O tema ganhou força e dominou o tempo da nossa troca de ideias.

É comum que durante as conversas entre funcionários, alguns digam: "Se a empresa fosse minha, eu...".

Pensar dessa forma é um grande erro. Será que, se a empresa fosse dele, o tal funcionário chegaria mais cedo, seria mais econômico ou produziria mais? Se ele pensa ou age assim, comete um grande erro.

Ora, mas quem disse que a empresa não é dele? De certa forma, claro que é!

De onde vem o sustento dele? Onde ele passa a maior parte do dia? Por quem ele sua a camisa?

Sentir-se como alguém que não faz parte do contexto pode ser o maior fator excludente do sucesso. É preciso vibrar com o sucesso da empresa e também se encher de garra nas horas de dificuldades.

Naturalmente, o ato de ser empresário exige das pessoas uma grande predisposição em abrir mão de algo; em compartilhar; em dividir; em conquistar; em realizar sonhos próprios e alheios.

Ninguém constrói nada sozinho. Ninguém multiplica um negócio sozinho.

Portanto, aos que se acham melhores que os patrões ou mesmo que fariam melhor do que eles, o que posso dizer é: não percam tempo com ilações que não levam a nada.

O sucesso de um empresário é ter o dom de liderar, de comandar, de investir para fazer uma ideia virar um negócio rentável; de transformar uma pequena empresa em média e depois em grande. O sucesso de um empresário é gerar riqueza!

Em contrapartida, o sucesso do colaborador é ajudar a realizar essas ações, participar de um grupo vencedor, desempenhar com perfeição a atividade para a qual foi contratado.

Sim, o seu esforço fará a empresa se desenvolver. Mas junto dessa progressão, não se esqueça de que todos irão crescer; muitos irão melhorar de vida; comprar suas casas, carros e formar seus filhos; alguns se tornarão executivos muito bem-sucedidos. O colaborador também tem a missão de gerar riqueza!

Mas tenha a certeza de que, para compor esse seleto último grupo, é preciso agir como se o dinheiro do seu bolso, e não do bolso do patrão, estivesse em jogo.

É preciso agir realmente como se a empresa fosse sua, e não dele!

TODO MUNDO FAZ IGUAL...

Outro dia eu estava na companhia de alguns amigos e conversávamos sobre *ser ou não ser; fazer ou não fazer*. Eis que, durante determinada discussão, um dos amigos disse: "Mas todo mundo faz igual...".

Naquele momento, a maioria do grupo fez cara de concordância. Eu, particularmente, rebati:

– Então cite um daqueles que você acaba de incluir no grupo que compõe o "todo mundo".

Claro, o defensor da ideia pensou... pensou... E não encontrou a resposta. Pois era exatamente nesse ponto que eu queria chegar. O igual se torna regra – e eu nada tenho contra elas, pois acredito que segui-las em muitos casos é fundamental e necessário. Mas qual é aquele que se destaca na vida, nas equipes? Os que costumeiramente são chamamos de "carregadores de piano" ou os que se diferenciam, que "chocam" e marcam presença pela genialidade? Obviamente, aqueles que se incluem no segundo caso.

Sei também que todos têm um papel importante. O gênio, para pensar e criar, precisa de alguém que execute suas ideias e a rotina. Por isso, ambos são importantes; ambos têm suas missões.

Mas e como fica o mérito do resultado? Ambos dividem igualmente? Certamente que não! O que se destaca é ovacionado e premiado, enquanto que os outros são também saudados, mas não com o mesmo entusiasmo.

Por isso, busque profissionalmente fugir da regra; torne-se a exceção. Faça diferente; seja diferente; resolva diferente; aja diferente; reivindique diferente... Crie diferente.

Vença diferente!

VIVER INTENSAMENTE

Tenho refletido e avaliado bastante sobre o patrimônio cultural e de experiências de vida que tenho acumulado na carreira de biógrafo, pesquisando, entrevistando e sendo confidente de alguns dos principais empreendedores brasileiros.

Minhas recordações foram buscar passagens, principalmente das conversas reservadas com meus biografados. Quanta riqueza de conceitos e de vivência, transformações, ações, decisões... E como tem que ser nas histórias de sucesso, poucos erros, mas que deixaram importantes lições.

Interessante a troca que percebi nisso tudo. São mulheres e homens que me entregam 60, 70, 80, 90 anos de suas vidas; 60, 70, 80, 90 anos de suas vencedoras trajetórias. E sabe como retribuí? Dando a cada um deles, em média, 1,5 ano da minha vida.

Claro, mesmo tendo cedido um tempo muito menor, posso garantir que saí ganhando... Além disso, a responsabilidade maior está justamente na missão que recebi dos meus biografados: a de ter sido escolhido por eles para escrever suas histórias e trajetórias.

Mas... não é assim que tudo acontece na vida? Tudo não é fruto e resultado de trocas? Ouvi cada passo dado; cada ação tomada; cada confidência; cada *mea-culpa*; cada busca de evolução e mudança para transformar o incerto e duvidoso em ato assertivo.

O que posso dizer depois desse período é que em determinadas situações aprendemos tanto que nem percebemos que tudo aconteceu em tão curto espaço de tempo. Pois é quando vivemos intensamente que alcançamos grandes conquistas.

Então, faça isso! Viva intensamente! Certamente, meus biografados nem perceberam que seus 60, 70, 80 ou 90 anos de vida se passaram de forma tão rápida; de forma tão intensa. Por isso, não podemos desperdiçar o nosso valioso tempo!

Esse é apenas um dos aprendizados que meus biografados transmitem por meio de suas histórias de vida!

TRANSPIRAÇÃO E INSPIRAÇÃO

Recentemente estive com uma das principais empreendedoras e gestoras brasileiras: Sônia Hess, eleita pela revista *Forbes* como umas das mais influentes mulheres brasileiras e que presidiu por 12 anos uma das principais empresas do país, a Dudalina.

Durante a conversa, quando ela retratava o amor incondicional que uniu os pais dela, Duda e Lina (Adelina), que originou o nome da empresa (Dudalina), Sônia Hess me perguntou: "Elias, há quanto tempo você não faz um elogio à sua esposa?".

Bem... Minha cara era de quem fazia contas para saber com exatidão, mas meu silêncio foi quebrado pelas palavras da empresária: "Pois você sabia que meu pai elogiava a minha mãe todos os dias? Que constantemente escrevia poemas de amor para ela? Ele faleceu um ano antes de completarem 50 anos de casados, e viveram um amor sem fim; uma vida literalmente a dois e que resultou na criação de 16 filhos".

Ora, nesse perde e ganha do mercado; sobe e desce da bolsa e do dólar; compra e vende, contrata e demite... Quem é que tem cabeça para pensar em palavras de amor? Pois o senhor Duda, pai de Sônia Hess, conseguia encontrar tempo para dizer e expressar o amor para a esposa, a dona Lina.

Contei isso porque a conversa que tive com Sônia Hess mexeu muito comigo. E me fez relembrar de outro bate-papo que tive com o professor Luiz Marins, antropólogo, empresário, consultor e conselheiro de empresas. Na ocasião, ele me disse: "Quando temos filhos pequenos, toda vez que eles querem falar e brincar conosco, geralmente estamos ocupados, lendo jornal ou trabalhando. Então, dizemos: 'Saia daqui'. Depois eles crescem, e é a nossa vez de querer estar com eles, e a deles de dizer: 'Saia daqui, estou ocupado...'."

Arrumamos tempo para trabalhar, mas não para elogiar, curtir e externar o amor aos nossos; arrumamos tempo para ligar para as pessoas com quem nos relacionamos comercialmente, mas não para aqueles que estarão em casa à nossa espera; arrumamos tempo para tudo, principalmente para aquilo que na maioria das vezes pode não significar nada.

Sim, trabalhe, lute, persevere, crie, alcance o sucesso. Mas não se esqueça dos "pequenos", mas tão nobres atos: dizer "Eu te amo" para quem torce incondicionalmente por você!

NÃO HÁ SUCESSO
SEM HUMANISMO

Outro dia me lembrava dos tempos em que eu era repórter esportivo. E minha memória arremeteu para 1988, quando o garoto Neto, ainda pelo Guarani, na final do Campeonato Paulista daquele ano, marcou um gol de bicicleta e saiu pelo gramado batendo a mão no peito e gritando: "Eu sou ƒ**a! Eu sou ƒ**a"!

Parafraseando Oscar Schmidt, sobre quem lancei o livro *14 motivos para viver, vencer e ser feliz*, os palavrões fazem parte do "dialeto" do esporte.

Bem, mas aquele garoto, tirando as transformações de conceitos que a vida provocou nele, é o hoje comentarista e apresentador da Band TV, Neto!

Sabe por que eu me lembrei disso? Justamente porque não há empreendedor no mundo que bata no peito para dizer aquela mesma frase e, caso o fizesse, diria assim: "Nós somos ƒ**a! Nós somos ƒ**a"!

Obviamente que pessoas de sucesso possuem total noção da importância que trabalhar em grupo, em equipe, tem para se atingir o nível dos resultados alcançados. Dentro disso, talvez o maior mérito desses grandes empreendedores seja justamente saber escolher as pessoas certas e mais bem preparadas, e dar a elas condições de se desenvolver e crescer pessoal e profissionalmente. O ser humano é mesmo assim: quanto mais capacitado, melhor!

Ou será que Neto foi autossuficiente para marcar aquele gol? Certamente, a jogada teve início com um companheiro cobrando o tiro de meta; dali houve uma sequência de passes que envolveu a equipe adversária; além disso, o toque que antecedeu aquela bicicleta maravilhosa de Neto foi dado através de um passe ou cruzamento feito por um companheiro de equipe. E onde é que se encaixa o Eu nesta história, nesta sequência???

Lembro-me de outra passagem importante do futebol, envolvendo Luiz Felipe Scolari, o Felipão! O exemplo é antigo, mas remete aos tempos em que eu era repórter esportivo.

Quando dirigia o Palmeiras, Felipão disputou com o time a final da Copa Libertadores de 1999. Na decisão, contra o Deportivo Cali, da Colômbia, o Palmeiras venceu nos pênaltis. Eu estava no gramado e trabalhei naquele jogo. Lembro-me de que "colei" no Felipão. Fui o único repórter a fazer isso. Os outros seguiram os jogadores, que saíam em disparada para se abraçar e comemorar o título.

E eu lá... atrás do Felipão... Ele também saiu correndo... Mas, diferentemente dos jogadores, Felipão correu para abraçar e se ajoelhar no gramado com os gandulas, por quem tinha grande sentimento de gratidão.

Afinal... nas horas difíceis, se o Palmeiras estava descontente com o resultado, a bola voltava rapidamente ao jogo; em contrapartida, se o resultado agradasse, a bola demorava a "aparecer"...

Eis um grande líder que jamais esquece as pessoas que participam de uma conquista; Felipão é um líder que está sempre atento aos detalhes! Criou o conceito de time através da "Família Felipão". E a sequência da carreira de conquistas de Felipão, mesmo com a derrota do Brasil para a Alemanha por 7 a 1 na Copa de 2014, é a melhor prova disso!

E mais... Felipão é o tipo de líder que faz ecoar a voz para quem quiser ouvir: "Meu time, meu grupo de trabalho e eu somos f**a!!!".

Há ainda outros grandes exemplos de técnicos que conseguem unir um grupo e torná-lo vencedor, como Tite, além de Bernardinho e José Roberto Guimarães, ambos do vôlei.

Mas há ainda um detalhe importante: nem só de capacitação vive o ser humano. É importante salientar que o ser humano não é uma máquina, movida a botões e ajustada pela assistência técnica. O ser humano tem um componente que o torna movido por emoções. Portanto, quanto mais emoções você provocar no ser humano, maior a motivação dele para seguir em frente.

E, em muitos casos, essa emoção pode ser provocada por um simples "bom dia"!

QUEM CANTA SEUS CLIENTES ENCANTA!

Dia desses conversava com um amigo, que me relatava certas dificuldades que a equipe de vendas da empresa dele enfrentava. Os problemas eram os mesmos de sempre: bater metas, comprometimento, vender com qualidade de resultado, fidelizar clientes...

Em dado momento, perguntei a ele: "Mas, me responda uma pergunta: Eles têm feito cursos sobre vendas? Eles têm presenciado palestras sobre vendas?". A reposta foi um exaltado "SIM!".

Apesar da empolgação do meu amigo, por ter a certeza de estar agindo corretamente, eu fiz outra pergunta, de forma enfática: "Eles têm feito só cursos sobre vendas?". E veio outra resposta também enfática: "Claro! *Eles vivem e respiram vendas!*".

Era o que eu precisava ouvir. Foi quando eu disse a ele: "Pois é exatamente aí que está o problema!" – antes mesmo de eu explicar, ele fez cara de interrogação – "Obviamente, quanto mais evoluírem e se especializarem naquilo que fazem, mais vendedores eles se tornarão!".

Incomodado, meu amigo perguntou: "E o que há de errado nisso?".

Agora foi a minha vez de grifar: "*Tudo!* Quanto mais 'apenas' vendedores eles forem, menos marcantes serão suas presenças, ações, ligações, palavras... O que mais os seus vendedores têm levado aos clientes, além dos seus produtos? Eles levam informação sobre o mercado? Eles traçam um panorama sobre a economia mundial e a prospecção para os anos futuros? Eles compartilham técnicas para a melhor criação dos filhos? Eles falam sobre vinhos? Eles comentam sobre a riqueza dos detalhes que aprenderam no curso de pintura que fizeram? Eles fazem curso de teatro?".

Pode parecer difícil aceitar essa ideia, principalmente quando o objetivo de uma equipe de vendas é, obviamente, vender e elevar o faturamento da empresa. Após o que eu disse, dava para ver a "fumaça" saindo da cuca fundida do meu amigo.

Ora... Que tipo de importância e transformação gera alguém que não traz nada de novo a você? Independentemente daquilo que venda, seja papel, máquina, carro, alimento... Para um comprador, o vendedor é "apenas" mais uma opção de fornecedor do mercado. O que o tornará especial são justamente os diferencias que ele agregará ao cliente, seja na vida profissional ou pessoal. Refiro-me aqui a alguém que pretende se especializar não apenas em relações profissionais, mas principalmente em relações humanas!

Se o seu cliente passa por um problema ou questionamento pessoal, a última coisa do mundo que ele busca é saber quanto custa o seu produto. Ele precisa de um bom ouvinte, de um aconselhamento, de um novo olhar sobre a situação, de estar ao lado de alguém com sensibilidade para entender os momentos.

Ele precisa de alguém que atenda suas necessidades como vendedor e que o encante como pessoa. Ele precisa de alguém que o conquiste! Isso pode acontecer em inúmeras situações.

Vou dar um exemplo que aconteceu comigo. Outro dia, parei para abastecer o carro. Enquanto aguardava, um rapaz simpático veio me oferecer a apresentação de um imóvel. Ele era corretor. Eu não estava interessado, pois não queria comprar ou vender imóvel. Educadamente, agradeci, mas recusei o material.

Ainda com um sorriso no rosto, ele observou que eu estava um pouco ansioso, provavelmente por estar atribulado de atividades.

Com algumas palavras, mostrou-me a importância de priorizarmos nossas necessidades pessoais em detrimento das profissionais. Ele estava certo! Eu estava tão preocupado com a profissão, que era perto das 15h e eu ainda não tinha almoçado.

Ou seja, a presença dele já havia sido marcante! Ele me fizera refletir sobre algo que eu não tinha atentado. Então, depois de conquistar o cliente, ele deu o "golpe" de misericórdia: "O senhor tem família, é casado?", perguntou ele. Respondi que sim. Foi quando ele puxou um cartão do bolso, do tipo calendário, no qual, de um lado, estavam os dias e meses do ano e, do outro, uma tabela de calorias que perdemos nos afazeres domésticos:

– Se a esposa do senhor pedir para lavar louça, varrer o chão, limpar vidros, não discuta! Aceite e faça um bem a si mesmo – dizia ele, enquanto me mostrava quantas calorias eu poderia perder em cada uma dessas atividades.

Sorri! Adorei! Gargalhei! Saí dali empanturrado de material dele. Com o cartão da tabela dos afazeres, com o seu cartão pessoal e as apresentações dos lançamentos imobiliários que ele tinha para vender. Até marquei o telefone na agenda do meu celular. Pensei: "Se um dia eu for comprar ou vender imóvel, é com um profissional deste perfil que eu gostaria de trabalhar".

Naquele momento, eu não queria ou precisava comprar nada! Eu necessitava de alguém que me observasse; de uma palavra amiga, divertida. Eu não precisava de um vendedor! Eu precisava de um contador de histórias.

Eu precisava de um encantador de clientes!

AÍ JÁ É DEMAIS...

Costumo dizer que basta dar uma volta no quarteirão e entrar em meia dúzia de comércios que já temos material suficiente para montar uma palestra.

Digo isso porque em cada loja que entrarmos, seremos tratados de uma maneira diferente. Em alguns locais o tratamento será de rei, em outros de plebeu, em outros de bobo da corte... E assim por diante.

Recentemente, fui comprar um perfume para a amiga da minha filha na maior rede de perfumes e cosméticos do Brasil. Não precisa falar o nome. Você já descobriu. Na loja, havia três atendentes, todas lindas, perfumadas e maquiadas. Elas me deram uma aula de vendas.

A partir do momento em que defini o presente, as meninas começaram o show. Uma falava dos aromas dos perfumes e me fazia senti-los com as borrifadas que dava num pequeno pedaço de papel. A outra me apresentava à linha de desodorantes. Havia ainda uma terceira, que tentava me convencer a presentear minha esposa e filhas. Tudo feito com muito critério, tato e sensibilidade. Nota 10! Nota 100! Nota 1000!

Saí de lá e me dirigi a uma farmácia, também de uma grande rede. Não precisa citar o nome. Você já deve ter pensado em algumas delas.

Entrei e apresentei a relação de remédios que precisava. Enquanto aguardava, pedi para ir ao toalete. A moça que me atendeu, muito gentil, me conduziu até o local, que ficava na parte superior.

Agradeci e entrei. Quando fechei a porta, me deparei com um cartaz, afixado ao lado do vaso sanitário, onde estava escrito em letras garrafais: PERFUMARIA... O CONCURSO JÁ COMEÇOU... A META É, NO MÍNIMO, 35%... VAMOS ATINGIR MUTO MAIS...

Fiquei a olhar aquilo indignado! Imagine você que no momento de literal "necessidade" do funcionário, a fisiológica, ele vai até o banheiro e, ao invés de ter a individualidade respeitada, é obrigado a receber uma cobrança da direção para bater uma meta.

Sinceramente, acredito que, como se costuma dizer, "a linguiça está comendo o cachorro". Será que alguém, depois de fazer as necessidades, irá sair do banheiro tão motivado por ter lido aquele cartaz que, agora com a garra de um vendedor de cosméticos, vai "empurrar" no cliente sabonetes, shampoos, desodorantes e tudo mais que represente a seção?

Ora... isso é pura bobagem!

Alô, gestores, gerentes, vamos acordar! Existem formas e formas de se bater e superar uma meta. Que tal respeitar o ser humano ao invés de massacrar, de bombardear o funcionário? Que tal escrever uma frase que remeta a uma lição de vida, a uma mensagem Divina, um poema...

Alô, gestores, gerentes, vamos acordar! Cuidado com a pontaria. Às vezes, um tiro que para vocês pode parecer ter sido tão pensado, tão mirado, tão preciso, pode sair pela culatra...

MUDANÇA DE HÁBITO

Sabe de onde veio a ideia de escrever sobre o tema? No exato momento em que eu assistia à divina comédia musical da Broadway *Mudança de Hábito*, trazida para uma brilhante montagem no Brasil!

Alguns tiveram o privilégio no passado, e estou entre eles, de assistir no cinema o filme protagonizado por Whoopi Goldberg, missão que foi transmitida a Karin Hils, que a cumpriu com perfeição.

Mudança de Hábito – O Musical, além de divertido e delicioso, deixou várias lições e reflexões.

Mudar de hábito não é nada fácil... Isso vale para ações simples ou complexas. Quer um exemplo?

Depois de alguns anos dispostos da mesma forma, alguém no prédio em que moro mudou a posição dos dois cestos de lixo que ficam no meu andar. O de coleta seletiva, de cor verde, sempre esteve à direita, enquanto que o de lixo orgânico à esquerda; agora, estavam invertidos.

Certo dia, lá vou eu colocar algumas garrafas de plástico no lixo e... me vi confuso. Precisei parar, pensar e entender que agora eu precisava voltar o corpo para a esquerda na hora de jogar o lixo reciclável.

Claro, eu poderia simplesmente inverter a posição dos cestos e terminar com aquela "tortura"... Nada disso! Optei por vencer o desconforto inicial e provocar em mim uma mudança de hábito! E isso ocorreu através da adaptação, da repetição do exercício.

Bem, mas voltando ao musical, ali se percebe uma mudança de hábito extrema: a de desafiar e quebrar paradigmas. Isso se deu na história do musical em relação a um assunto delicado e tradicional: a religião.

Mudar um hábito tão extremo, enraizado e complicado requer tempo, comprometimento, coragem, disposição para correr riscos, para às vezes retroceder... Depende do envolvimento de um grupo de pessoas que estejam dispostas também a enfrentar e a vencer desafios.

Exige ainda apoio dos líderes, gestores ou, como no caso da peça, superiores. Esse é, talvez, o mais complicado dos pontos, pois eles podem incentivar, mas também, por medo, interromper o processo.

Mas aqui vale um alerta! Infelizmente, tem gente que incentiva e estimula as mudanças de um ou mais hábitos apenas por interesse próprio, para tirar proveito da situação. Esse é o tipo de mudança que devemos condenar!

Guarde bem esta frase que ouvi certa vez:

"A vida é feita de *sims*".

E quando ouvimos um Não, partimos em busca de torná-lo um Sim!

Muitas vezes, você coloca um Sim entre suas metas e precisa dizer vários *Nãos* a você mesmo, justamente para não destruir os seus sonhos.

Bem... mas chega de conversa! É hora de praticar!

Então, que tal inverter os cestos de lixo de onde você mora?

Comece por essa simples mudança de hábito... Depois dela, há muito trabalho a ser feito.

O mundo necessita de inúmeras mudanças de hábitos...

O mundo precisa de milhões de pessoas dispostas a mudá-los!

E você? Habilita-se a dizer Sim, a entrar em campo e a ajudar a vencer esse jogo?

Se Sim, vista a camisa e entre no time!

METAS *VERSUS* OBJETIVOS

Metas... Objetivos... Ambos são alcançados pelas conquistas! Mas será que todos sabem distinguir as metas dos objetivos? Os que sabem avaliar e mensurar a importância de cada um deles, realizam ambos com sucesso! Já os que não conseguem distingui-los, podem permitir com que um frustre o outro!

Nesta minha trajetória de biógrafo, tenho tido o privilégio divino de me relacionar e de conhecer histórias de vida incríveis! A maioria delas de sucesso e que nos exemplificam como se deve ser, pensar e agir com assertividade.

Mas não pensem que conheci apenas trajetórias vitoriosas. Fui ainda presenteado com outras tantas de pessoas que tinham tudo para triunfar, mas lhe faltavam certos diferencias e que são tão importantes na hora de decidir, de realizar... Na hora de fazer a diferença!

Não existe fórmula para o sucesso! Não existe regra de três, "pulo do gato" ou receita mágica! Ter sucesso é o resultado de um somatório de ações, conhecimentos, ingredientes, pensamentos, filosofias de vida e atitudes! Ter sucesso não tem nada a ver com sorte!

Da mesma forma, e no contraponto, não existe fórmula, regra de três ou "receita mágica" para o fracasso. Assim, contrariamente ao sucesso, quem tem experimentado o fracasso certamente tem pecado justamente no resultado. Provavelmente, no somatório de ações que leva ao sucesso, estejam faltando conhecimentos diversos, pensamentos positivos, ingredientes de qualidade, filosofias de vida e, principalmente, atitudes!

Assim como no caso do sucesso, ter fracasso não tem nada a ver com a falta de sorte!

Mas deixo aqui um alerta! Acompanhei muitas pessoas que trilhavam pelo caminho do sucesso e que se perderem no meio do trajeto. Acredito que você também tenha alguns exemplos para contar.

Em muitos desses casos, constatei que elas confundiram conceitos e se desestimularam em suas carreiras e profissões. Quais conceitos? Ora... não souberam avaliar o que é uma meta e o que é um objetivo!

Somos realmente movidos a desafios. E esses desafios devem ser renovados. Por isso, o primeiro passo é criar uma meta realizável! A partir do momento em que essa meta foi batida, crie outra arrojada, mas também realizável!

Dentro dessa sequência é que devemos agir! Criando e realizando metas possíveis! É como, por exemplo, um regime! A primeira meta é a de perder 2 quilos na semana inicial e outros 2 quilos nas outras três semanas do mês. Claro, na primeira semana estaremos mais suscetíveis à perda de peso, pois nos livraremos do excesso. Depois, a perda fica mais lenta.

Assim, manter os quatro quilos para o mês seguinte pode ser uma meta não atingível! Então, pode-se reduzir para três quilos no segundo, terceiro e quarto meses. Daí em diante, deve-se reduzir a perda mensal para dois quilos até atingir o grande objetivo de, por exemplo, perder 15 quilos entre cinco e seis meses!

Em contrapartida, vamos inverter a situação! Digamos que a meta seja a de perder 15 quilos! Assim, se no primeiro mês perde-se quatro, ainda restam 11 quilos. Começo, então, a repensar o sistema. Passei fome, cortei a taça de vinho, evitei ir a uma festa... tudo isso para perder "só" quatro quilos??? Dentro desse contexto, acabamos nos desanimando e desistindo de seguir adiante, por entender que a "meta", que na verdade é o objetivo, é difícil e está longe de ser alcançada!

Então, recapitulando, a meta inicial é a de perder 4 quilos no primeiro mês, a segunda meta é perder 3 quilos no segundo mês... e assim sucessivamente, até chegar ao objetivo final, o de perder 15 quilos entre cinco e seis meses.

Assim, sempre que se dispuser a fazer ou a alcançar algo, delimite exatamente quais serão suas metas e qual o seu maior objetivo! Feito isso, vibre a cada meta alcançada, inspire-se na primeira meta para alcançar a segunda, avalie durante o caminho como você pode se aperfeiçoar para as metas seguintes, aprenda novas técnicas...

Certamente, feito isso, você merecidamente alcançará o seu grande objetivo!

LEVANTA, SACODE A POEIRA E DÁ A VOLTA POR CIMA...

Bem cedo do dia, na hora do café da manhã, passo a mão no jornal e lá está estampado na primeira página: "O Brasil está em crise!".

Vou para o carro e ligo o rádio, para ouvir as notícias: o locutor enche o peito e solta: "O Brasil está em crise!".

Chego ao local da primeira reunião. Havia duas pessoas na sala de espera. De repente, uma delas puxa conversa:

– Que situação difícil estamos vivendo...

– Claro, o Brasil está em crise! – responde, desestimulado, o outro.

Logo entro para a reunião. A pessoa que me recebe, depois dos cumprimentos tradicionais, solta:

– É um dos piores momentos da história do país! "O Brasil está em crise!"

Saí de lá e fui almoçar. No restaurante, só se ouviam reclamações nas mesas que estavam ao lado: "O Brasil está em crise!", "O Brasil está em crise!".

Fui ao banco! Conversei com o gerente. Sabe o que ele me disse? Adivinha... "O Brasil está em crise!". Na fila do caixa, o papo era o mesmo: "O Brasil está em crise!"... "O Brasil está em crise!"...

Assim foi na farmácia... no supermercado... na padaria...

À noite, volto para casa! Hora de assistir ao jornal. Ligo a TV. Depois da musiquinha tradicional, vem a manchete, que diz: "O Brasil está em crise!".

Sim... todos eles estão corretos! A realidade mostra: o Brasil está em crise. E o custo de vida está insustentável! Uma crise provocada, mais do que pelas finanças, pela falta de ética e confiança! Pela falta de credibilidade dos gestores, líderes, políticos e dirigentes do país!

Contudo, pior do que a crise do Brasil é a crise vivida por cada um de nós, brasileiros! Uma crise que abalou nossa garra, perseverança, disposição em reverter adversidades.

Uma crise que veio de fora e nos corroeu por dentro.

E como solucionar isso? Fazendo com que a crise percorra agora o caminho inverso e saia de dentro de nós! Das nossas mentes, dos nossos corações, das nossas emoções!

Não pensem que somos os únicos a passar por situações difíceis! Nas biografias que escrevo, existem passagens e relatos de situações complexas que alguns dos principais empreendedores do Brasil enfrentaram e venceram!

Esqueçam a confiança! A hora agora é a de ter autoconfiança!

Hora de acreditarmos em nós mesmos! Na nossa capacidade, inteligência, criatividade, garra, conhecimento... Acreditarmos nos nossos instintos, na nossa percepção... Acreditarmos naquele velho ditado de que "Se Deus é por nós, quem será contra nós?".

Cortem custos, reorganizem a carreira, a empresa e a casa, revejam os gastos... Façam de tudo que é necessário! Mas não percam o autocontrole e a autoconfiança!

Por isso, esqueçam Brasília e quem lá se acha no direito de ditar as regras.

Vamos bater a mão no peito e dizer em forte e bom tom: "Eu acredito em mim e no Brasil".

Vamos cantar a frase marcante da música "Volta por cima", de Paulo Vanzolini: *"Levanta, sacode a poeira e dá a volta por cima"*...

Não se esqueçam: quem faz o país é o seu próprio povo!

Então... se tem tanta gente chorando, ao invés de também derramarmos lágrimas, é hora de começarmos a vender lenços para esse povo todo!

Olha o lenço... Oportunidade... Absorve as lágrimas do choro como nenhum outro... E o preço é especial!!! Olha o lenço...

COMENDO PELAS BEIRADAS...

Tenho viajado pelo Brasil, seja para escrever biografias de grandes empreendedores ou para realizar palestras, e cada vez mais me encantado com o interesse das pessoas em adquirir conhecimento.

Elas querem ler, assistir, ouvir, acessar sites... E se realmente as pessoas estão fazendo isso, elas devem estar recebendo e acumulando um riquíssimo e eclético conglomerado de informações.

Mas cabem ressalvas... Não pelo interesse em adquirir conhecimento; quanto a isso, se eu fosse médico, diria: "Adquira conhecimento sem moderação ou contraindicação"!

Os alertas ficam por conta de se receber todo esse montante de conceitos e informações teóricas e exemplos de experiências práticas sem saber como utilizá-lo; de receber todo esse montante e querer aplicá-lo na vida, carreira ou empresa sem fazer as devidas análises, adaptações e projeções.

Como exemplo, se alguém de Santa Catarina recebe uma informação ou um artigo sobre o que acontece no varejo do Acre, ele soma conhecimento. Também conhece e aprende com isso. Mas, daí ao fato de receber essa informação e querer aplicá-la integralmente e sem adaptações no próprio raio de ação, há uma diferença enorme...

Vivi isso recentemente num encontro de empreendedores, quando um dos profissionais que teve a missão de apresentar seus conhecimentos disse: "A relação do consumidor com o varejo brasileiro caminha para um esfriamento. O atendimento deixará de ser determinante na venda e, para o cliente, prevalecerá o *custo versus benefício*, ou seja, *qualidade do produto versus preço*".

Também acredito nisso, mas não na tese de que isso valha sempre para todo o Brasil.

Um dos meus biografados, o empresário Mário Gazin, possui uma rede de varejo com centenas de lojas situadas em pequenas cidades das regiões Centro-Oeste e Norte do país. Nesses, e em muitos outros casos, essa afirmação não vale! O vendedor e o gerente da loja, assim como os clientes, frequentam o mesmo restaurante, clube, são convidados para os mesmos aniversários, têm os filhos estudando nas mesmas escolas... as famílias são amigas... Então, a relação pessoal pesa e é determinante na hora da escolha do local de compra nesses casos.

Outro dos meus biografados, o empresário Armindo Dias, presidente do Grupo Arcel, tinha uma fábrica de biscoitos, a Triunfo, e fazia distribuição nacional. Lembro-me das entrevistas com o pessoal da área comercial, que passou as diferenças regionais sobre o paladar dos consumidores, de acordo com o estado em que estavam localizados: uns preferiam biscoitos doces, outros salgados, certos estados priorizavam os recheados... e assim por diante.

Mas um fator que marcou nas pesquisas do processo de escrita deste livro é que nas cidades menores e regiões mais distantes o consumo de biscoitos – e também de outros produtos e alimentos – privilegia o regionalismo. Ou seja, linhas das fábricas locais eram os preferidos da população regional.

Então, uma mesma tendência que se apresenta para vigorar nos grandes centros pode não valer para outras áreas.

Por isso... não há informação verdadeira que seja ruim. Todas elas são boas. Mas, em determinados casos, servem para reflexão, alerta ou elevar a cultura, e não para aplicar na nossa vida e carreira.

"VIVER E DEIXAR VIVER..."

"Elias, quanto maior o problema, maior a oportunidade..." Assim foi o início da nossa primeira conversa no ano de 2002 e que marcava os primeiros passos da biografia que eu escreveria do empresário Samuel Klein...

Problema *versus* oportunidade...

O que será que o senhor Samuel Klein quis dizer com esta frase?, pensei.

O tempo e as conversas diárias nos aproximaram! Mais e mais eu passei a conhecer a essência de Samuel Klein e dos diversos papéis que ele "interpretava" nessa grande "peça" chamada vida!

O tempo também traduziu com clareza as palavras de Samuel Klein. Estrear como biógrafo e escritor com o livro do Rei do Varejo, Samuel Klein, parecia a mim, num primeiro momento, um enorme problema. Mas, na verdade, era uma estrondosa oportunidade.

Uma década e meia depois, cá estou trilhando a carreira de biógrafo e escrevendo o meu 23º livro, sendo que o do senhor Samuel Klein chegou à sua 6ª edição!

Samuel Klein estava certo nesse e em inúmeros outros pensamentos!

Quanto mais eu conhecia as formas de ser, pensar e agir do empresário, pai, amigo, patrão, cliente... mais eu me encantava, aprendia e me transformava com aquela história de luta, perseverança, liderança, gestão, foco, reinvenção do negócio, criatividade e muito sucesso!

Quanto mais eu conhecia o ser humano Samuel Klein, mais eu tornava maiúsculas as letras que compunham essas duas palavras: SER HUMANO... SER HUMANO... SER HUMANO... SER HUMANO...

Nas despedidas ao senhor Samuel Klein, que infelizmente faleceu em 20 de novembro de 2014, revi e revivi o "filme" das nossas conversas, para que eu pudesse escrever a biografia dele. Choramos, suspiramos, vibramos, nos arrependemos e comemoramos juntos cada passagem da vida do senhor Samuel Klein.

Os tempos mais duros? Claro... a Segunda Guerra Mundial, onde o jovem judeu-polonês Schmiliale Klein foi prisioneiro e submetido às barbaridades cometidas pelo exército de Hitler contra os judeus.

Os tempos mais áureos? O final da década de 1960, quando Samuel Klein comprou uma financeira e confessou: "Cada dinheiro que entrava, eu multiplicava por 5!".

Os tempos mais sensíveis? Conhecer Ana, que veio a se tornar sua esposa, Ana Klein, e constituir uma família!

Começar a escrever sobre Samuel Klein é uma das ações mais fáceis da minha vida... Difícil é terminar esse texto! Certamente, muitas passagens, aprendizados e legados não couberam aqui! Mas... Samuel Klein me permitiu colocá-los todos em sua biografia!

Ali está a constatação e a prática daquilo que Samuel Klein acreditava, pautado por duas frases mágicas:

O sol nasceu para todos e *Viver e deixar viver!*

Ambas, Samuel Klein seguiu à risca!

Aproveitou o pedaço do sol a ele destinado para também aquecer e iluminar tanta gente!

Viveu e deixou viver, tornando milhões de pessoas felizes. A alguns deles gerou emprego, oportunidades, riqueza, estudos, casa própria, conforto e bem-estar, estima... Por meio de sua obra, gerou felicidade no passado, no presente e continuará a fazê-lo no futuro!

Samuel Klein só não conseguiu cumprir uma de suas promessas registradas no livro: a de que viveria até os 120 anos!

Mas... mesmo tristes, nós entendemos... Afinal, Samuel Klein atendeu ao chamado do nosso Pai Maior, ao chamado de Deus!

Samuel Klein partiu, mas nos deixa uma certeza: a de que uma história como a dele, através daquilo que ele construiu e deixou de legado, não termina jamais...

ESTUDE O DNA DO SEU CONSUMIDOR

Trabalhar o conceito de marketing regional na busca da consolidação global de uma marca não é tarefa das mais simples. É preciso um conhecimento específico de cada local, tradição, costumes e, principalmente, hábitos de consumo de cada amostra da população.

Os empresários que conseguiram enxergar essa lacuna consolidaram seus produtos com êxito e se tornaram grandes redes de distribuição mundial de suas marcas, muitas vezes sem existir uma única fábrica da empresa, como é o caso da Nike. Quer outros exemplos práticos e que com certeza você conhece bem? Apple, Coca-Cola, Brahma e McDonald's.

Eu, enquanto biógrafo, estou sempre em busca da melhor história e da próxima trajetória profissional de sucesso durante as conversas e entrevistas que realizo e as inúmeras horas em que escuto toda uma vida dos grandes líderes empresariais para produzir suas biografias.

Com isso, posso dizer que tive o privilégio de descobrir detalhes sobre como cada um desses executivos transforma o sonho de ter o produto e a marca consumidos com um trabalho tipicamente regional, porém de abrangência e sucesso global.

Afirmo que não é um caminho fácil, tranquilo. Certamente, o primeiro obstáculo a ser transposto é a desconfiança: "Será que esse produto é realmente de qualidade?"; "Se der problema, será que eles trocam ou consertam?"; "Será que eles conhecem as necessidades que me levaram a comprar esse produto?"...

São inúmeras as perguntas e questionamentos dos consumidores. Cada região a sua maneira, e cada cidadão frente a frente com uma necessidade e embalagem na qual almeja única e simplesmente a plena satisfação, independentemente de sua natureza. Afinal, o consumidor quer acreditar que aquele produto foi pensado e produzido especialmente para ele.

A maioria dos empresários que venceu esse desafio, de disseminar seus produtos em nível nacional e até global, começou pela adaptação da linguagem local, ou seja, contratar mão de obra qualificada e natural da cidade, estado ou região. E pode acreditar que tal estratégia dá credibilidade à empresa, afinal, o objetivo não é apenas o de ganhar dinheiro naquele mercado, mas também o de investir. Por sua vez, empresários que não praticaram isso de imediato tiveram dificuldades e transformaram essa situação em um grande aprendizado.

Outro segredo é o de entender que a padronização pode aceitar certas exceções, como, por exemplo, o Big Mac. O sanduíche é único no mundo, com o mesmo sabor e apresentação, embora o Big Mac brasileiro esteja sempre entre os mais caros do planeta (ver quadro a seguir).

Bem, mas o fato de estar também no Brasil, país tropical e de clima agradável, fez, apesar de certa demora, com que o McDonald's incluísse no cardápio salada, fruta e água de coco. Sabe por que essa preocupação? Porque eles têm plena consciência da importância que uma marca possui e do valor agregado que pode gerar para a companhia. E antes de qualquer investimento regional é necessário estudo, de forma a oferecer um produto que satisfaça aos desejos individuais, como se cada consumidor tivesse a sensação de estar adquirindo algo que foi desenvolvido com exclusividade para ele.

Dentre os livros que escrevi, posso citar como exemplos algumas empresas como Casas Bahia, Gazin, Escolas Fisk, Kopenhagen Chocolates, entre outras, que sempre investiram na contratação de pessoal local e na adaptação de suas ideologias aos mais diferentes mercados. Mr. Fisk, por exemplo, sempre priorizou e incentivou empresários locais a investirem nas franquias, assim como aceitou pequenas adaptações locais na padronização proposta, por entender e respeitar a importância do regionalismo: um quadro na parede, um cartão-postal local etc.

Tudo isso porque o relacionamento direto do consumidor com a marca cria, antes de tudo, um laço emocional. É preciso ir a campo e entender o que se passa na mente de cada cliente: o que eles necessitam, o que desejam, com o que sentem prazer, o que os estressa, como se desestressam etc. Ou seja, se faz necessário conhecer a fundo o DNA de seu público-alvo, para que ele esteja presente nos detalhes de cada produto da marca. Isso cria identificação, laço emocional. Assim, consequentemente, pode-se consolidar uma marca em qualquer canto do planeta.

Mesmo porque despertar um significado para alguém é a principal, senão a fundamental, essência de uma marca "enraizada" regional e globalmente. A partir desse momento, o empresário passa a ter outros tipos de preocupações, ou seja, inovar e surpreender a cada lançamento o seu fidedigno público.

A empresa ganha aliados que serão capazes de defender e brigar pelo nome do fornecedor, em especial diante de uma crise, independentemente do grau que ela possa atingir!

O gráfico a seguir, elaborado com base em matéria publicada em 2013 pela revista americana *The Economist*, transforma o preço do Big Mac, da rede de fast food também americana McDonald's, em um índice econômico.

PREÇO DO BIG MAC (EM DÓLARES)

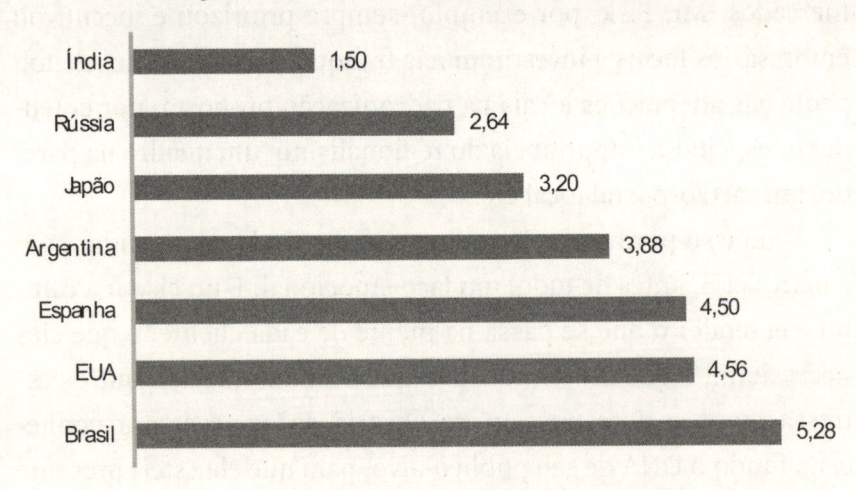

País	Preço
Índia	1,50
Rússia	2,64
Japão	3,20
Argentina	3,88
Espanha	4,50
EUA	4,56
Brasil	5,28

EU MUDEI... VOCÊ MUDOU...
O BRASIL MUDOU...

Caro/a leitor/a, eu me lembro dos tempos em que era repórter esportivo e que se utilizava uma popular frase em inglês para expressar a importância do exercício, do treino, para evoluir na profissão ou atividade praticada: *No pain, no gain...* – Sem dor, não há ganho!

O nosso Brasil não é uma modalidade esportiva e nós não somos atletas, mas a frase vale para o período que compreende os últimos anos do país, assim como a forma pela qual estamos enfrentando e superando tanta confusão, manobra, pouca vergonha e baderna.

Assim como diz o ditado, estamos sentindo, sim, uma fortíssima dor, provocada pelo exercício que temos feito, mesmo que contrariamente ao que a mídia nos tem mostrado nos anos mais recentes, de ainda acreditar na cidadania, na ética, no próximo, no nosso potencial, na nossa história... de ainda acreditar no nosso presente... de ainda acreditar no nosso futuro!

O Brasil deveria ser o país do hoje! Mas continuam mantendo-o como o "país do amanhã"...

Tenho acompanhado muitos eventos do mundo corporativo e palestras com especialistas em economia, estratégia e mercado. São pessoas bem preparadas que traçam um panorama claro e transparente da situação, desprovidos de emoção e fundamentados na razão e na racionalidade daquilo que os números e o mercado apresentam.

Acredito que, nesta hora, é melhor ouvir um diagnóstico realista, para que entendamos a gravidade do quadro e a necessidade de um tratamento adequado, invasivo e cumprido à risca.

Não é hora de brincar! Não há tempo para arriscar. Não há margem para errar!

Os tempos exigem que tenhamos ações dirigidas àquilo que precisamos e não ao que gostaríamos de fazer. Isso nos exige saber distinguir certas diferenças conceituais: o que é essencial e o que é fundamental? Ter credibilidade é essencial! Mas ter credibilidade consistente é fundamental!

O país saiu lá de trás e chegou a figurar entre as cinco ou seis principais economias do mundo. Isso é resultado da credibilidade!

Mas depois de tantos escândalos e verdades que vieram à tona, caímos muitos postos, justamente entre as principais economias do mundo. Com o retrocesso, perdemos credibilidade; faltou-nos credibilidade consistente!

Chego, então, ao ponto que gostaria de abordar: voltemos ao No pain, no gain... – Sem dor, não há ganho!

É impossível passarmos por um processo tão danoso como esse para a história do Brasil e sair ilesos, sem traumas ou sequelas.

É impossível passarmos por um processo tão danoso como esse para a história do Brasil e sair ilesos, sem mudanças significativas, sem transformações.

Este é o maior legado que esse difícil, duro e longo período que vivemos deixa para todos nós!

Há uma constatada mudança de comportamento da maioria das pessoas. Estamos conscientes de que ser penalizado pelos erros é a consequência da causa. Errou... pagou!

Percebo essa mudança nas conversas com as pessoas e também pelo meu próprio comportamento! Aí vai um pequeno exemplo.

Outro dia recebi uma multa por ter estacionado, às 9h55 e na "companhia" de outros dois carros, numa área reservada da pista da Marginal Pinheiros, justamente no entroncamento com a Avenida dos Bandeirantes. Ali, pontualmente às 10h, termina o rodízio na cidade de São Paulo. Obviamente, eu estava prestes a entrar numa área proibida e, por isso, estacionei.

Fiquei bravo... fiquei mais bravo... fiquei muito mais bravo...

Mas a reflexão me fez avaliar: "Ora... se o permitido é circular depois das 10h, e, para não cometer essa infração, optei por transgredir a regra de outra forma, eu simplesmente mereço a multa".

Nessa hora, sempre há uma voz, interna ou externa, que tenta justificar: "Mas roubaram bilhões..."; "Mas desfalcaram e desviaram em bilhões o patrimônio do país..."; "Utilizaram-se de tráfico de influências para se favorecer e enriquecer..." – e por aí seguem os maus exemplos.

Bobagem! É por isso que chegamos até aqui nesta lambança.

No pain, no gain..., e a dor vem de dentro para fora.

As pessoas estão mudando sim! Mostram-se mais conscientes antes da tomada de seus atos. Mostram-se mais racionais após a tomada de seus atos.

As empresas também estão mudando, principalmente através da mentalidade de seus gestores. Chega do resultado e do lucro a qualquer custo! É hora do resultado e do lucro admirável e consistente; daquele que dá orgulho pela forma como foi conquistado. O *No pain, no gain* também fez seus fortes efeitos no mundo corporativo.

Então... voltemos ao "jogo"! E se você quer participar, saiba que nesse novo time chamado Brasil só há camisas disponíveis para pessoas e empresas de valor!

FONTE: Quadraat
IMPRESSÃO: Grafilar

#Novo Século nas redes sociais

novo século®
www.gruponovoseculo.com.br